新 니하오 어린이 중국어 3

이창재 · 김지연 · 장기(张琦) 지음

JPLUS
Language Publishing Co.

으로 보고 로 듣고 으로 따라하는

新 니하오 어린이 중국어 ③

눈으로 보고!

주인공 난난과 베이베이 그리고 그의 친구들이 함께 엮어가는 이야기를 따라가면서 자연스럽게 중국어를 느끼고, 밝고 귀여운 삽화를 보면서 마치 한 편의 동화책을 읽는 듯한 느낌을 주도록 하였습니다.

귀로 듣고!

중국어를 빠르게 익힐 수 있는 방법 중의 하나가 바로 자주 듣는 것입니다. 재미있게 구성된 MP3 음원을 들으면서 중국어에 익숙해지도록 하였습니다.

입으로 따라한다!

쉽고 간단한 표현들을 반복적으로 따라하면서 주요 문장을 익히고, 각 과마다 꾸준히 발음을 연습하도록 하였습니다. 또 중간중간 노래를 따라 부르면서 즐겁게 중국어를 배울 수 있게 하였습니다.

공부라는 것은 우선 흥미를 가지는 것이 가장 중요하다고 생각합니다. 이 책을 통해서 아이들이 중국어를 어렵게 생각하지 않고 흥미를 가지도록, 하나의 신나는 말 배우기 놀이로 느끼고 중국어를 친근하게 받아들일 수 있기를 바랍니다.

마지막으로 항상 든든한 버팀목이 되어 주시는 부모님과 자오차이나 중국어 학원의 장석민 선생님께 감사를 드립니다. 그리고 이 책을 집필할 수 있는 기회와 용기를 주신 '차이나박스' 박정미, 박미경 선배와 이 책이 나오기까지 많은 도움을 주신 '제이플러스'의 이기선 실장님과 편집부 식구들에게 진심으로 감사의 마음을 전합니다.

저자 씀

모두 들어 있어요~

 워크북

본 책에서 배운 내용들을 복습하고 실력을 다져요.

 MP3 바로듣기

정확한 네이티브 발음, 신나는 노래와 해설로 재미있게 공부해요.

 단어카드

본문의 새단어와 중요 단어를 카드로 만들어 간편하게 들고 다니며 익혀요.

 스티커 붙이기

스티커를 붙이며 입체적으로 학습해요.

 종합평가판

전체 배운 내용을 확인해 볼 수 있어요.

 동영상 플래시CD

통통 튀는 동영상 플래시CD로 보고, 듣고, 신나게 배워요.
(동영상 플래시CD 포함 교재 별매)

이 책의 구성

본문 회화

핵심이 되는 네 문장을 통해 이야기의 문을 열면서 흥미를
돋우도록 하였습니다. 새로 나온 단어를 정리하였으며,
생동감 있는 삽화로 어떤 상황에서 이루어지는 대화인지
알 수 있도록 도왔습니다.

✽ 한글 해석은 부록에 있어요.

听和说 tīng hé shuō

한 걸음 더! 앞에서 배운 기본표현을 반복해서 연습하고,
확장해 보도록 하였습니다.

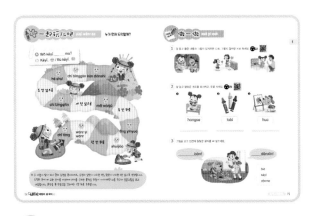

一起玩儿吧 yìqǐ wánr ba

신나게 놀아요! 매 과마다 다양하고 재미있는 게임을
하면서 중국어에 더 가까이 다가갈 수 있도록 하였습니다.

做一做 zuò yi zuò

이제 자신 있어요! 배운 내용을 다시 한번 짚어 보면서
좀더 중국어에 자신감을 가지도록 하였습니다.

写一写 xiě yi xiě

중국어 문장 읽기를 통해 중국어 실력을 키우고 독해 능력을
기를 수 있도록 하였습니다.

唱一唱 chàng yi chàng

노래와 챈트를 중국어로 신나게 따라 불러요!
✽ 중국어 가사는 부록에 있어요.

차례

新 니하오 어린이 중국어 ① 에서 배워요.

①	· Nǐ hǎo! · Zàijiàn! · Wǒ shì Nánnan.	· 인사하기 · 만났을 때 하는 말 · 헤어질 때 하는 말 · 我 나, 你 너, 他/她 그, 그녀	⑥	· Nǐ jǐ suì? · Wǒ qī suì.	· 숫자 익히기 · 나이 묻고 대답하기 · 几 몇
②	· Xièxie! · Bú kèqi! · Duìbuqǐ! · Méi guānxi!	· 감사의 표현과 대답 · 사과의 표현과 대답	⑦	· Nǐ shǔ shénme? · Wǒ shǔ niú.	· 12개의 띠 동물 · 띠 묻고 대답하기

③	· Nǐ jiào shénme
	  míngzi?
	· Wǒ jiào Nánnan.
	· Nǐ ne?
		· 이름 묻고 답하기
		· 什么 무엇
			⑧	· Tā shì shéi?
				· Tā shì wǒ bàba.
					· 가족 호칭 익히기
					· 누구인지 묻고
					  답하기
					· 谁 누구

④	· Nǐ shì Hánguórén
	  ma?
	· Wǒ bú shì
	  Hánguórén.
	· Nǐ shì nǎ guó rén?
		· 국적 묻고 대답하기
		· 吗?~입니까?
		· 哪 어느
		· 是 이다 /
		  不是 아니다
			⑨	· Nǐ jiā yǒu jǐ kǒu
				  rén?
				· Wǒ jiā yǒu wǔ
				  kǒu rén.
				· Méiyǒu.
					· 가족 소개하기
					· 가족이 몇 명인지
					  묻고 대답하기
					· 口 식구를 세는 양사
					· 和 ~와, 그리고

⑤	· Wǒ xǐhuan
	  hóngsè.
	· Wǒ bù xǐhuan
	  hóngsè.
	· Nǐmen xǐhuan
	  shénme yánsè?
		· 좋아하다
		· 싫어하다
		· 不 + 동사
			⑩	· Zhè shì shénme?
				· Nà shì shénme?
					· 사물 묻고 대답하기
					· 这 이, 이것
					· 那 저, 저것

1
- Nǐ qù nǎr?
- Wǒ qù yīyuàn.
- Wǒmen yìqǐ qù ba!

- 어디로 가는지 묻고, 대답하기
- 장소 이름 익히기
- 哪儿 어디
- 一起 같이, 함께

2
- Jīntiān jǐ yuè jǐ hào?
- Jīntiān xīngqī jǐ?

- 날짜 묻고 답하기
- 요일 묻고 답하기

3
- Xiànzài jǐ diǎn?
- Xiànzài qī diǎn.

- 몇 시 인지 묻고, 대답하기
- 上午 아침
- 下午 오후
- 晚上 밤

4
- Nǐ huì yóuyǒng ma?
- Wǒ bú huì yóuyǒng.

- 할 줄 안다 / 할 줄 모른다
- 운동 이름 익히기
- 打 치다
- 踢 차다

5
- Nǐ yào mǎi shénme?
- Duōshao qián?
- Bā kuài.

- 가격 묻고, 대답하기
- 문구 이름 익히기
- 块 위엔(중국 화폐 단위)

6
- Nǐ xiǎng chī shénme?
- Wǒ xiǎng chī hànbǎobāo.
- Wǒ xiǎng hē niúnǎi.

- 하고 싶은 것 말하기
- 음식 이름 익히기
- 먹다 / 마시다

7
- Nǐ zài gàn shénme?
- Wǒ zài xuéxí.

- 하고 있는 것 말하기
- 동작에 대한 표현 익히기

8
- Wǒ bǐ nǐ gāo.
- Wǒ bǐ nǐ dà.

- 비교 표현 익히기
- 반대되는 말 익히기

9
- Wéi!
- Nánnan zài jiā ma?
- Děng yíxià.

- 전화할 때 쓰는 표현
- 等一下 잠시 기다리세요

10
- Jīntiān tiānqì zěnmeyàng?
- Jīntiān qíngtiān.

- 날씨를 묻는 표현 익히기
- 날씨에 관한 표현 익히기

新 니하오 어린이 중국어 ③ 에서 배워요.

	학습목표	핵심 단어	게임	쓰기	노래/챈트
①	상황에 따라 허가를 구하는 표현을 말 할 수 있다.	kěyǐ 可以 ~해도 된다 bù kěyǐ 不可以 ~하면 안 된다 bié 别 ~ 하지 마라 de 的 ~의 것	누가 먼저 도착할까?	신나는 미술 시간	♬ 그대로 멈춰라
②	가능을 나타내는 표현과 이유를 묻는 표현을 말할 수 있다.	néng 能 ~할 수 있다 bù néng 不能 ~할 수 없다 yào 要 (마땅히) ~해야 한다	할 수 있어 ? 할 수 없어?	언니가 아파요	할 수 있어, 할 수 없어
③	증상에 관한 표현을 익히고 어디가 아픈지 묻고 대답할 수 있다.	머리가 아프다, 목이 아프다, 힘이 없다, 열이 나다, 배가 아프다, 콧물이 나다, 기침을 하다, 눈이 아프다, 허리가 아프다, 다리가 아프다, 이가 아프다 bù shūfu 不舒服 몸이 좋지 않다	병원 놀이	병원에 간 날	어디가 불편해?
④	양사를 익히고, 무엇이 얼마나 있는지 말할 수 있다.	침대(~개), 탁자(~개), 의자(~개), 컴퓨터(~대), 옷(~벌), 신발(~켤레), 병(~병), 책(~권), 연필(~자루), 물고기(~마리), 컵(~잔) lǐ(li) 里 안 shàng(shang) 上 ~위	물건 찾기	난난이의 방	♬ 하얀 쪽배
⑤	어디에 가서 무엇을 하는지 묻고, 대답할 수 있다.	mǎi yīfu 买衣服 옷을 사다 wánr diànnǎo yóuxì 玩儿电脑游戏 컴퓨터 게임을 하다 ránhòu 然后 그리고 나서	스피드 퀴즈	옷 사러 가는 날	어디 가?

	학습목표	핵심 단어	게임	쓰기	노래/챈트
❻	방위 표현을 익히고, 길을 묻고 대답 할 수 있다.	길목, 삼거리, 사거리, 왼쪽, 오른쪽, 맞은편, 옆쪽, 왼쪽으로 돌다, 오른쪽으로 돌다, 앞으로 가다, 길을 건너다 yìzhí 一直 곧장 wǎng 往 ~로 향하여	길 찾기	백화점 가는 길	가자
❼	정도를 나타내는 표현을 말할 수 있다.	잘 그리다, 잘 부르다, 빨리 뛰다, 일찍 일어나다, 늦게 일어나다, 높이 뛰다, 멀리 뛰다, 유창하게 말하다, 잘 생겼다, 예쁘다 de 得 ~한 정도가 어떠 하다	스무고개	이어달리기 시합	♬ 둥근 해가 떴습니다
❽	경험을 묻고 대답하는 표현을 말할 수 있다.	guo 过 (동사 뒤) ~한 적 있다 méi~guo 没~过 ~한 적 없다 dāngrán 当然 당연하다	설문 조사	내가 가장 좋아하는 판다	♬ 너희 판다 본 적 있니?
❾	언제, 어떤 계획이 있는지 묻고 대답할 수 있다.	dǎsuàn 打算 ~하려고 하다 de shíhou 的时候 ~때 (시간) gēn 跟 ~와	이번 방학에는?	이번 겨울 방학에는?	♬ 무얼 할 계획이야?
❿	언제 무엇을 하는지 묻고 대답할 수 있다.	shénme shíhou 什么时候 언제 kuài yào~le 快要~了 곧 ~하려고 하다	동동이의 하루	영화 보는 날	♬ 나의 하루

 你在画什么？
Nǐ zài huà shénme?

 我在画我爸爸。
Wǒ zài huà wǒ bàba.

단어

画 huà (그림을)그리다
怎么办 zěnme bàn 어떻게 해
蜡笔 làbǐ 크레파스
别 bié ~하지 마라(금지)
担心 dānxīn 걱정하다
可以 kěyǐ ~해도 된다(허가)
用 yòng 쓰다, 사용하다
的 de ~의 것

怎么办!
Zěnme bàn!

我没有红色的蜡笔。
Wǒ méiyǒu hóngsè de làbǐ.

别担心!
Bié dānxīn!

你可以用我的。
Nǐ kěyǐ yòng wǒ de.

谢谢!
Xièxie!

不客气!
Bú kèqi!

1 Wǒ kěyǐ yòng nǐ de xiàngpí ma?

2 Kěyǐ.

4 Wǒ kěyǐ yòng nǐ de qiānbǐ ma?

5 Wǒ kěyǐ yòng nǐ de běnzi ma?

3 Wǒ kěyǐ yòng nǐ de chǐzi ma?

chǐzi

qiānbǐ

běnzi

6 Nǐ yě kěyǐ lái!

7 Zhēn de ma?

＊ 真 zhēn 정말이다, 진짜

8 Wǒ kěyǐ kàn diànshì ma?

9 Bù kěyǐ.

10 Wǒ kěyǐ chī táng ma?

11 Nǐ kěyǐ chī.

＊ 糖 táng 사탕

你可以用我的。 13

一起玩儿吧 yìqǐ wánr ba 누가 먼저 도착할까?

A Wǒ kěyǐ _____ ma?

B Kěyǐ. 😊 / Bù kěyǐ. 😞

hē shuǐ

chī bǐnggān   kàn diànshì

도착!

두 칸 앞으로

chī bīngqílín   세 칸 앞으로   mǎi wánjù

두 칸 뒤로

chī táng   wánr yi wánr   tīng yīnyuè

출발~!

한 칸 뒤로

shuìjiào

※ 두 사람이 팀이 되어 말과 동전을 준비하세요. 동전의 앞면이 나오면 2칸, 뒷면이 나오면 1칸 앞으로 전진합니다. 도착한 칸에 써 있는 단어를 사용하여 허가를 구하는 문장을 만들어 이야기하면 다른 친구가 얼굴그림을 보고 대답합니다. 문장을 못 만들었을 경우에는 1칸 뒤로 후퇴합니다.

做一做 zuò yi zuò

1 잘 듣고 들은 내용과 그림이 일치하면 ○표, 그렇지 않으면 ✕표 하세요. 03

2 잘 듣고 알맞은 성조를 표시하고, 뜻을 쓰세요. 04

❶

hongse

_____

❷

labi

_____

❸

hua

_____

3 그림을 보고 빈칸에 알맞은 글자를 써 넣으세요.

_____bàn!

_____dānxīn!

bié

kěyǐ

zěnme

신나는 미술 시간

베이베이는 자기 엄마를 그리고 있고, ❶	Běibei _____❶ huà tā māma,
나는 우리 아빠를 그리고 있다. ❷	wǒ zài _____❷ wǒ bàba.
아! 빨간색 크레파스가 없네.	A! Méiyǒu hóngsè de làbǐ.
어떻게 하지? ❸	_____❸ bàn?
그런데 베이베이가 자기 것을 써도 된다고 말한다. ❹	Kěshì Běibei shuō wǒ _____❹ yòng tā de.
베이베이는 정말 나의 좋은 친구다. ❺	Běibei zhēn shì wǒ de hǎo _____❺ .

단어
- 可是 kěshì 그런데, 그러나
- 说 shuō 말하다

힌트 zěnme   zài   huà   péngyou   kěyǐ

一下子停下來

그대로 멈춰라

kāi   xīn   di   tiào   tiào   wǔ

yí   xià   zi tíng   xià   lái

kāi   xīn   di   tiào   tiào   wǔ

yí   xià   zi tíng   xià   lái

bié   bì   yǎn   bié   xiào
(bié   zhàn   zhe   bié   zuò)

bié   kū   yě   bú   yào   dòng
(bié   tǎng   yě   bú   yào   dòng)

kāi   xīn   di   tiào   tiào   wǔ

yí   xià   zi tíng   xià   lái

즐겁게 춤을 추다가 그대로 멈춰라

즐겁게 춤을 추다가 그대로 멈춰라

눈도 감지 말고 웃지도 말고 울지도 말고 움직이지 마

(서있지도 말고 앉지도 말고 눕지도 말고 움직이지 마)

즐겁게 춤을 추다가 그대로 멈춰라

Unit 2 我不能去。

 南南，你好！
Nánnan, nǐ hǎo!

 你们好！ 你们去哪儿？
Nǐmen hǎo! Nǐmen qù nǎr?

 我们去公园。你也一起去吧。
Wǒmen qù gōngyuán. Nǐ yě yìqǐ qù ba!

2

 我 不 能 去。
Wǒ bù néng qù.

 为 什 么?
Wèishénme?

 我 要 去 药 房。 我 姐 姐 病 了。
Wǒ yào qù yàofáng.   Wǒ jiějie bìng le.

단어

能 néng ~할 수 있다(가능)
为什么 wèishénme 왜, 어째서
要 yào ~해야 한다
药房 yàofáng 약국
病 bìng 아프다, 병
了 le (동작이나 상황의 변화를 나타내는)어기조사

1 Nǐmen néng lái wǒ de shēngrì pàiduì ma?

2 Wǒ néng qù.

3 Wǒ yě néng qù.

4 Wǒ bù néng qù.

5 Wǒ yě bù néng qù.

✳ 派对 pàiduì 파티

一起玩儿吧 yìqǐ wánr ba

할 수 있어? 할 수 없어?

❶

❷

❸

❹

qù Nánnanjiā

kàn diànshì

néng
bù néng

zǒu

＊ 走 zǒu 걷다

qù gōngyuán

---

❶ Jiějie _____. ❷ Nánnan _____.

❸ Dōngdong _____. ❹ Nánnan _____.

＊ 그림을 보고 할 수 있는지 없는지 알맞은 것끼리 연결하고, 아래의 문장을 완성하세요.

做一做 zuò yi zuò

1 들려주는 내용을 잘 듣고, 알맞은 그림을 찾아 순서대로 번호를 쓰세요.

2 잘 듣고 알맞은 것끼리 연결하세요.

❶   ❷   ❸

3 그림을 보고 내용에 알맞은 스티커를 골라 붙이세요.

Nánnan, nǐ yě [   ] qù gōngyuán ba!

Wǒ [   ] qù.

Wèi [   ] ?

Wǒ [   ] qù yàofáng.

bù néng

yào

yìqǐ

shénme

⑪ 빈칸을 채우고, 큰 소리로 읽어 보세요.

언니가 아파요

약국 가는 길에, 베이베이와 밍밍을 ❶ 만났다.	Wǒ qù _____ de lùshang, pèngdào le ❶ Běibei hé Míngming.
그들은 공원에 가는데, 나는 갈 수가 없다 ❷.	Tāmen qù gōngyuán, kěshì wǒ _____ qù. ❷
왜냐하면 언니가 아파서 나는 약국에 ❸ ❺ 가야 하기 때문이다. ❹	Yīnwèi wǒ _____ bìng le, suǒyǐ wǒ _____ ❸ ❹ qù _____ . ❺
언니가 빨리 나았으면 좋겠다.	Wǒ xīwàng jiějie bìng kuài diǎnr hǎo.

단어

- 路上 lùshang 도중
- 碰到 pèngdào (우연히)마주치다
- 因为 yīnwèi 왜냐하면(~때문이다)
- 所以 suǒyǐ 그래서
- 希望 xīwàng 희망하다, 바라다
- 快点儿 kuài diǎnr (좀)빨리

힌트 bù néng   jiějie

yàofáng   yào

2

能，不能
할 수 있어, 할 수 없어

Nǐmen néng lái wǒ de shēngrì pàiduì ma?

Néng,  wǒ néng qù.

Néng, wǒ yě néng qù.

Nǐmen néng lái wǒ de shēngrì pàiduì ma?

Bù néng, wǒ bù néng qù.

Bù néng, wǒ yě bù néng qù.

너희 내 생일파티에 올 수 있어?
갈 수 있어, 난 갈 수 있어.
갈 수 있어, 나도 갈 수 있어.
너희 내 생일파티에 올 수 있어?
갈 수 없어, 난 갈 수 없어.
갈 수 없어, 나도 갈 수 없어.

我不能去。 25

我头疼, 嗓子疼。

你哪儿不舒服?
Nǐ nǎr bù shūfu?

我头疼, 嗓子疼。
Wǒ tóu téng, sǎngzi téng.

快去医院看病吧!
Kuài qù yīyuàn kànbìng ba!

她感冒了。
Tā gǎnmào le.

 严重吗？
Yánzhòng ma?

 不严重，吃点儿药就好了！
Bù yánzhòng, chī diǎnr yào jiù hǎo le!

단어

舒服 shūfu （몸, 마음이)편안하다
疼 téng 아프다
嗓子 sǎngzi 목
看病 kànbìng 진찰을 받다
严重 yánzhòng 심하다
(一)点儿 (yì)diǎnr 조금, 약간
就 jiù 곧, 바로

1 Nǐ nǎr bù shūfu?

2 Méiyǒu lìqi.

힘이 없어요
méiyǒu lìqi
没有力气

열이 나요
fāshāo
发烧

배가 아파요
dùzi téng
肚子疼

콧물이 나요
liú bítì
流鼻涕

기침을 해요

késou
咳嗽

눈이 아파요

yǎnjing téng
眼睛疼

허리가 아파요

yāo téng
腰疼

3

다리가 아파요

tuǐ téng
腿疼

이가 아파요

yá téng
牙疼

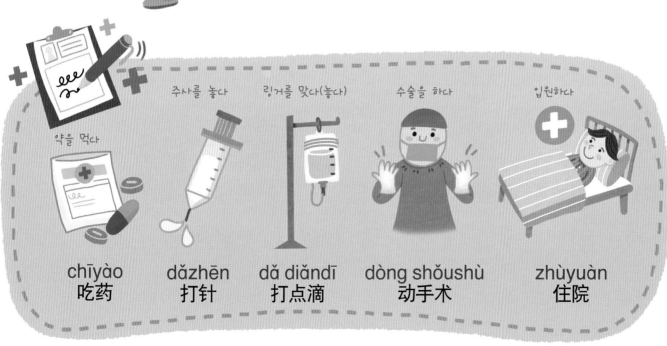

약을 먹다

chīyào
吃药

주사를 놓다

dǎzhēn
打针

링거를 맞다(놓다)

dǎ diǎndī
打点滴

수술을 하다

dòng shǒushù
动手术

입원하다

zhùyuàn
住院

我头疼，嗓子疼。 29

一起玩儿吧 yìqǐ wánr ba　병원놀이

Nǐ nǎr bù shūfu?

 yāo téng ◯　　 yǎnjing téng ◯

 fāshāo ◯　　 dùzi téng ◯

liú bítì ◯　　 yá téng ◯

＊ 한 사람은 의사가 되고, 다른 한 사람은 환자가 되어서 의사가 "Nǐ nǎr bù shūfu?" 하고 물으면 환자는 길을 따라 내려가서 어디가 아픈지 이야기합니다. 환자와 아픈 곳이 바르게 되어 있으면 O표, 그렇지 않으면 X표 하세요. 부록의 만들기를 참고하여 병원놀이를 해 보세요.

 做一做 zuò yi zuò

1 들려주는 내용을 잘 듣고, 알맞은 그림을 찾아 순서대로 번호를 쓰세요.

○ ○ ○

2 잘 듣고 성조가 바르게 표기된 것에 ○표 하세요.

❶ 感冒

gǎnmào

gǎnmǎo

❷ 严重

yánzhòng

yánzhōng

❸ 看病

kànbǐng

kànbìng

3 그림을 보고 보기 에서 알맞은 말을 골라 써 넣으세요.

❶

❷

❸

보기

késou   fāshāo   dùzi téng   yāo téng   yá téng

 **写一写** xiě yi xiě ⑰ 우리말 문장의 짝을 찾아 연결해 보세요.

병원에 간 날

단어
- 问 wèn 묻다
- 医生 yīshēng 의사
- 讨厌 tǎoyàn 싫어하다

나는 오늘 몸이 안 좋다.	Zài yīyuàn, yīshēng shuō wǒ de gǎnmào bù yánzhòng, chī diǎnr yào jiù hǎo le.
엄마는 내가 어디가 아픈지 물어보신다.	Wǒ tóu téng, sǎngzi téng.
머리가 아프고, 목이 아프다.	Māma wèn wǒ nǎr bù shūfu.
병원에서, 의사선생님이 내 감기는 심하지 않으니 약을 좀 먹으면 나을 거라고 하신다.	Kěshì wǒ zhēn tǎoyàn chī yào.
그렇지만 나는 약 먹는 게 너무 싫다.	Jīntiān wǒ shēntǐ bù shūfu.

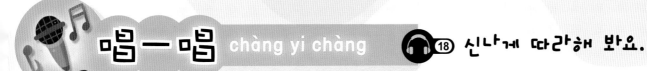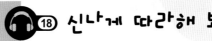
哪儿不舒服? 어디가 불편해?

3

Nǎr bù shūfu? Nǎr bù shūfu?

Nǐ nǎr bù shūfu?

Tóu téng, sǎngzi téng, méiyǒu lìqi.

Gǎnmào le, chī diǎnr yào jiù hǎo le.

Nǎr bù shūfu? Nǎr bù shūfu?

Nǐ nǎr bù shūfu?

Fāshāo, késou, liú bítì.

Gǎnmào le, kuài diǎnr xiūxi ba.

어디가 불편해? 어디가 불편해?
어디가 불편해?
머리가 아프고, 목이 아프고, 힘이 없어.
감기야, 약을 좀 먹으면 괜찮을 거야.
어디가 불편해? 어디가 불편해?
어디가 불편해?
열이 나고, 기침하고, 콧물이 흘러.
감기야, 빨리 좀 쉬어.

我头疼, 嗓子疼。 33

我的房间里有一张床。

我来介绍一下"我的房间"。
Wǒ lái jièshào yíxià 'wǒ de fángjiān'.

我的房间不大，不过很漂亮。
Wǒ de fángjiān bú dà, búguò hěn piàoliang.

我的房间里有一张床。
Wǒ de fángjiān li yǒu yì zhāng chuáng.

还有一张桌子，两把椅子。
Háiyǒu yì zhāng zhuōzi, liǎng bǎ yǐzi.

桌子上有一台电脑。
Zhuōzi shang yǒu yì tái diànnǎo.

我的房间

4

단어

我来 wǒ lái 내가 ~하다	张 zhāng ~개(침대, 책상을 세는 양사)
介绍 jièshào 소개하다	还有 háiyǒu 또, 그리고
房间 fángjiān 방	把 bǎ ~개(의자를 세는 양사)
不过 búguò 그러나	上 shàng(shang) ~위에
里 lǐ(li) 안	台 tái ~대(컴퓨터를 세는 양사)

我的房间里有一张床。

어떤 물건이 몇 개 있는지 이야기해 보세요.

1

> Fángjiān li yǒu yì zhāng chuáng, liǎng zhāng zhuōzi.

2

> Fángjiān li háiyǒu sì shuāng xiézi, wǔ jiàn yīfu.

❸ Zhuōzi shang yǒu bā bēi niúnǎi, jiǔ píng kělè háiyǒu shí tiáo jīnyǔ.

一张床

yì zhāng chuáng
침대 하나

两张桌子

liǎng zhāng zhuōzi
책상 두 개

三把椅子

sān bǎ yǐzi
의자 세 개

四双鞋子

sì shuāng xiézi
신발 네 켤레

五件衣服

wǔ jiàn yīfu
옷 다섯 벌

六本书

liù běn shū
책 여섯 권

七支铅笔

qī zhī qiānbǐ
연필 일곱 자루

八杯牛奶

bā bēi niúnǎi
우유 여덟 잔

九瓶可乐

jiǔ píng kělè
콜라 아홉 병

十条金鱼

shí tiáo jīnyǔ
금붕어 열 마리

A Jǐ zhāng chuáng?
B Yì zhāng chuáng.

| píng | zhī | zhāng | běn |
| bǎ | tái | bēi | jiàn |

chuáng
yīfu
shū
kělè
niúnǎi
diànnǎo
yǐzi
qiānbǐ

※ 난난이의 방 안 모습이에요. 방 안에 어떤 물건이 각각 몇 개씩 있는지 짝과 함께 묻고 대답
해 보세요.

做一做 zuò yi zuò

1 잘 듣고 빈칸에 알맞은 말을 써 넣으세요. 🎧 **21**

❶ [ ] zhāng [ ]

❷ [ ] běn [ ]

❸ [ ] tái [ ]

보기

| yì | liǎng | wǔ | diànnǎo | chuáng | shū |

2 각각의 사물에 알맞은 양사를 골라 스티커를 붙이세요. 👆

❶ [ ]

❷ [ ]

❸ [ ]

❹ [ ]

3 내용과 일치하는 그림을 고르세요.

❶ liù běn shū

❷ sì píng kělè

난난이의 방

단어

- 向 xiàng ~에게
- 朋友们 péngyoumen 친구들

오늘 나는 친구들에게 나의 방을 소개한다.

• • Wǒ de fángjiān bú dà, búguò hěn piàoliang.

내 방은 크진 않지만 아주 예쁘다.

• • Háiyǒu yì zhāng zhuōzi hé liǎng bǎ yǐzi.

내 방 안에는 침대가 하나 있는데, 색깔은 내가 좋아하는 분홍색이다.

• • Jīntiān wǒ xiàng péngyoumen jièshào wǒ de fángjiān.

그리고 책상 한 개와 의자 두 개가 있다.

• • Wǒ de fángjiān li yǒu yì zhāng chuáng, yánsè shì wǒ xǐhuan de fěnhóngsè.

책상 위에는 컴퓨터가 한 대 있다.

• • Zhuōzi shang yǒu yì tái diànnǎo.

小白船　하얀 쪽배

lán lán de tiān kōng yín - hé li　yǒu zhī xiǎo bái chuán

chuán shang yǒu kē guì - huā shù　bái　tù zài　yóu wán

jiǎng　ér jiǎng　ér kàn　bu jiàn　chuán shang yě méi fān

piāo　ya　piāo　ya　piāo - xiàng xī - tiān

푸른 하늘 은하수 하얀 쪽배엔
계수나무 한 나무 토끼 한 마리
돛대도 아니 달고 삿대도 없이
가기도 잘도 간다 서쪽나라로

阿姨，您好！南南，你好！
Āyí, nín hǎo! Nánnan, nǐ hǎo!

北北，你好！你去哪儿？
Běibei, nǐ hǎo! Nǐ qù nǎr?

我去补习班学习，你呢？

Wǒ qù bǔxíbān xuéxí, nǐ ne?

 我去百货商店买衣服。

Wǒ qù bǎihuòshāngdiàn mǎi yīfu.

然后去快餐厅吃汉堡包！

Ránhòu qù kuàicāntīng chī hànbǎobāo!

5

단어

阿姨 āyí 아주머니

您 nín 你(너)의 존대말

百货商店 bǎihuòshāngdiàn 백화점

然后 ránhòu 그리고 나서

快餐厅 kuàicāntīng 패스트푸드점

❶ Nǐmen qù nǎr?

❷ Wǒmen qù cāochǎng tī zúqiú.

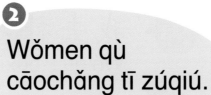

※ 操场 cāochǎng 운동장

百货商店

bǎihuòshāngdiàn

mǎi yīfu

❸ Wǒ qù bǎihuòshāngdiàn mǎi yīfu.

补习班

bǔxíbān

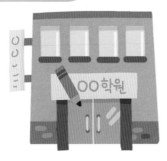 

xuéxí Yīngyǔ

❹ Wǒ qù bǔxíbān xuéxí Yīngyǔ.

医院

yīyuàn

kànbìng

5

Wǒ qù yīyuàn
kànbìng.

餐厅

cāntīng

chīfàn

6

Wǒ qù cāntīng
chīfàn.

网吧

wǎngbā

wánr diànnǎo yóuxì

7

Wǒ qù wǎngbā
wánr diànnǎo yóuxì.

※ 电脑游戏 diànnǎo yóuxì 컴퓨터 게임

8

Wǒ qù yínháng
cúnqián.

银行

yínháng

cúnqián

※ 存钱 cúnqián 저금하다

一起玩儿吧 yìqǐ wánr ba

tī zúqiú

Nǐ qù <u>cāochǎng</u> <u>tī zúqiú</u> ma?

✳ 전체를 몇 개의 팀으로 나눠, 각 팀에서는 설명할 사람을 한 명씩 뽑고, 나머지는 일렬로 줄을 섭니다. 설명하는 사람은 카드를 보고 '무엇을 하러 어디에 가는지' 행동으로 설명하고 나머지 사람은 "Nǐ qù cāochǎng tī zúqiú ma?" 처럼 물어보면서 문제를 맞추도록 합니다. 정해진 시간내에 가장 많이 맞춘 팀이 우승입니다. 카드는 부록에서 잘라서 쓰세요.

팀 이름	맞춘 갯수

✳ 참고하세요
电影院 diànyǐngyuàn 영화관

tī zúqiú

mǎi yīfu

xuéxí Yīngyǔ

kànbìng

chīfàn

wánr diànnǎo yóuxì

cúnqián

mǎi yào

kàn diànyǐng

mǎi bīngqílín

做一做 zuò yi zuò

1 잘 듣고 문장이 맞으면 ○표, 아니면 ✕표 하세요.

❶

❷

2 잘 듣고 성조가 바르게 표시된 것에 ○표 하세요.

❶

❷

cǔnqiǎn

cúnqián

bǎihuòshāngdiàn

báihuòshàngdiān

3 그림을 보고 알맞은 말을 골라 문장을 완성하세요.

❶

❷

❸

Wǒ qù _____

_____.

Wǒ qù _____

_____.

Wǒ qù _____

_____.

보기

kànbìng   tī zúqiú   yàofáng   yīyuàn   mǎi yào   cāochǎng

옷 사러 가는 날

오늘 나는 길에서 우연히 베이베이를 만났다.

Jīntiān wǒ zài lùshang pèngdào le Běibei.

베이베이는 공부하러 학원에 간다고 한다. ①

Běibei shuō tā qù ＿＿＿＿＿ xuéxí.
　　　　　　　　　　①

나는 엄마와 함께 옷을 사러 백화점에 간다. ②

Wǒ gēn māma yìqǐ qù bǎihuòshāngdiàn ＿＿＿＿＿.
　　　　　　②

그리고 나서, 햄버거를 먹으러 패스트푸드점에 간다. ③

Ránhòu qù ＿＿＿＿＿ chī hànbǎobāo.
　　　　　　③

오늘 정말 신난다!

Jīntiān zhēn gāoxìng!

단어

· 高兴 gāoxìng 기쁘다

힌트　kuàicāntīng

bǔxíbān　　măi yīfu

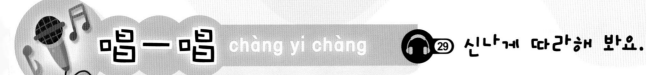
你去哪儿? 어디 가?

Nǐ qù nǎr? Nǐ qù nǎr? Nǐ qù nǎr gàn shénme?

Wǒ qù cāochǎng, wǒ qù cāochǎng, wǒ qù cāochǎng tī zúqiú.

Nǐ qù nǎr? Nǐ qù nǎr? Nǐ qù nǎr gàn shénme?

Wǒ qù yīyuàn, wǒ qù yīyuàn, wǒ qù yīyuàn kànbìng.

어디 가? 어디 가? 어디 가서 뭐 해?

운동장에 가, 운동장에 가, 운동장에 가서 축구해.

어디 가? 어디 가? 어디 가서 뭐 해?

병원에 가, 병원에 가, 병원에 가서 진찰 받아.

※장소와 행동을 바꿔가며 노래 불러 보세요~

去百货商店怎么走?

妈妈! 百货商店在哪儿?
Māma!　Bǎihuòshāngdiàn zài nǎr?

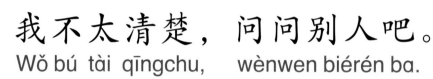

我不太清楚, 问问别人吧。
Wǒ bú tài qīngchu,　wènwen biérén ba.

请问，去百货商店怎么走？
Qǐngwèn, qù bǎihuòshāngdiàn zěnme zǒu?

一直往前走，就是百货商店。
Yìzhí wǎng qián zǒu, jiùshì bǎihuòshāngdiàn.

百货商店在邮局的对面。
Bǎihuòshāngdiàn zài yóujú de duìmiàn.

谢谢！
Xièxie!

6

단어

清楚 qīngchu 뚜렷하다, 분명하다
别人 biérén 다른 사람
请问 qǐngwèn 실례합니다, 저기요
　　　　　(물어볼 때 쓰는 표현)
怎么 zěnme 어떻게
一直 yìzhí 곧장
往 wǎng ~로(향하여)
前 qián 앞
就是 jiùshì 바로 ~이다
对面 duìmiàn 맞은편

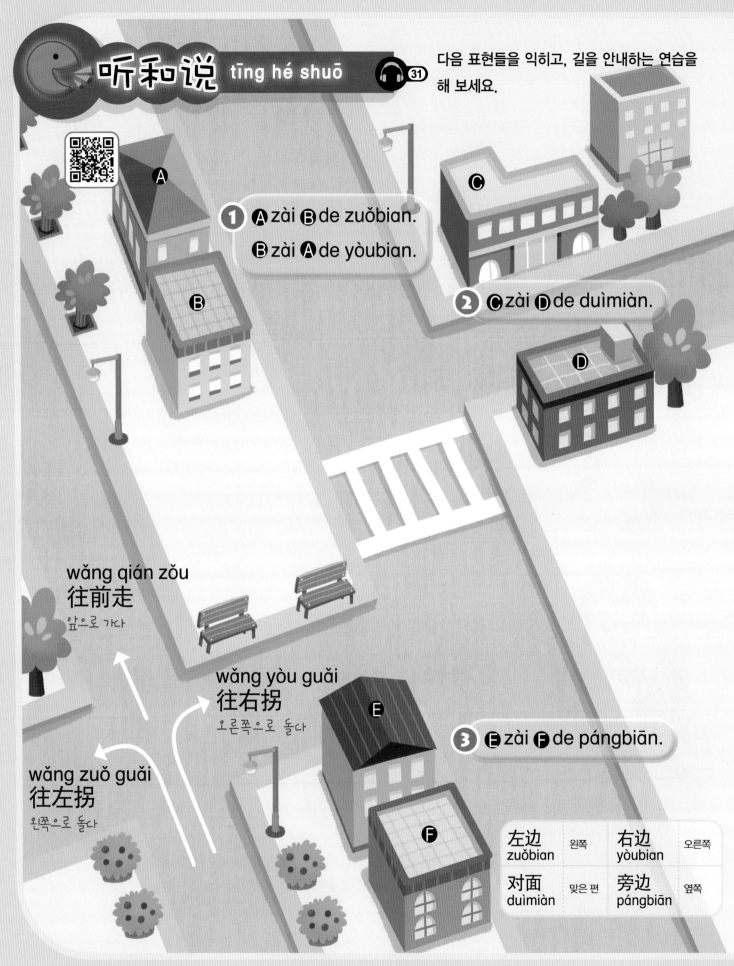

听和说 tīng hé shuō 🎧31

다음 표현들을 익히고, 길을 안내하는 연습을 해 보세요.

1 Ⓐ zài Ⓑ de zuǒbian.
Ⓑ zài Ⓐ de yòubian.

2 Ⓒ zài Ⓓ de duìmiàn.

3 Ⓔ zài Ⓕ de pángbiān.

wǎng qián zǒu
往前走
앞으로 가다

wǎng yòu guǎi
往右拐
오른쪽으로 돌다

wǎng zuǒ guǎi
往左拐
왼쪽으로 돌다

| 左边 zuǒbian | 왼쪽 | 右边 yòubian | 오른쪽 |
| 对面 duìmiàn | 맞은 편 | 旁边 pángbiān | 옆쪽 |

lùkǒu
路口
길목

* 过 guò 건너다, 지나가다

4 Guò yí ge lùkǒu jiùshì xuéxiào.

dīngzì lùkǒu
丁字路口
삼거리

5 Dào dīngzì lùkǒu wǎng zuǒ guǎi.

mǎlù
马路
대로, 큰길

6 Guò mǎlù.

shízì lùkǒu
十字路口
사거리

7 Dào shízì lùkǒu wǎng yòu guǎi.

一起玩儿吧 yìqǐ wánr ba

Qǐngwèn, qù _____ zěnme zǒu?

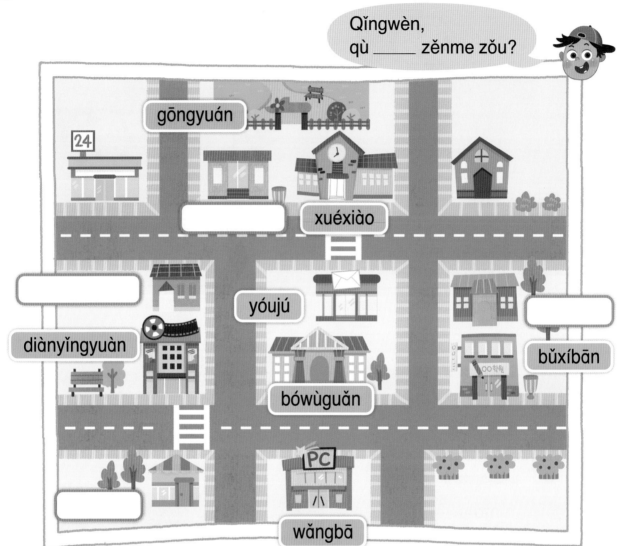

chāoshì	학교 'zuǒbian'에 ❶ 은행이 있어요.
yínháng	학교 'duìmiàn'에는 우체국과 박물관이 있어요.
cāntīng	박물관 'duìmiàn'에는 영화관이 있고, 영화관 'pángbiān'에 ❷ 약국이 있어요.
yàofáng	영화관에서 'guò mǎlù,' ❸ 슈퍼마켓이 있어요.
	학원은 'shízì lùkǒu'에 있는데, 학원 뒤에는 ❹ 식당이 있어요.

※ 힌트를 잘 보고 빈 간판에 이름을 써 보세요. 모든 간판의 이름이 채워지면 길을 묻고 답해 보세요.

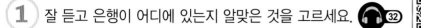

做一做 zuò yi zuò

1 잘 듣고 은행이 어디에 있는지 알맞은 것을 고르세요.

❶ yóujú de yòubian

❷ yóujú de duìmiàn

❸ chāoshì de zuǒbian

❹ chāoshì de duìmiàn

2 그림을 보고 내용에 알맞은 스티커를 붙여 보세요.

❶

dīngzì lùkǒu

zuǒ guǎi

❷

shízì lùkǒu

yòu

3 그림을 보고 질문에 답하세요.

Yìzhí wǎng qián zǒu, dào shízì lùkǒu wǎng zuǒ guǎi. Zài Ⓑ de pángbiān.

❶ Tā qù nǎr? _____

Yìzhí wǎng qián zǒu, guò yí ge lùkǒu jiù shì. Zài Ⓑ de duìmiàn.

❷ Tā qù nǎr? _____

백화점 가는 길

단어
• 行人 xíngrén 지나가는 사람, 행인

엄마와 나는 백화점에 간다.   •   •   Māma! Kuài qù mǎi yīfu ba!

그런데 엄마는 백화점이 어디에 있는지 정확히 모르셨다.   •   •   Māma hé wǒ qù bǎihuòshāngdiàn.

지나가는 사람에게 백화점에 어떻게 가는지 물어보신다.   •   •   Kěshì māma bú tài qīngchu bǎihuòshāngdiàn zài nǎr.

곧장 앞으로 가면 바로 백화점이라고 한다.   •   •   Wèn xíngrén bǎihuòshāngdiàn zěnme zǒu.

엄마! 빨리 가서 옷 사요!   •   •   Xíngrén shuō yìzhí wǎng qián zǒu jiùshì bǎihuòshāngdiàn.

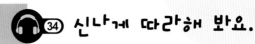
走走 가자

Zǒu, zǒu, zǒu, zǒu, zǒu.

Wǒmen shǒu lā shǒu.

Zǒu, zǒu, zǒu, zǒu, zǒu.

Yìtóng qù jiāoyóu.

Báiyún yōuyōu, yángguāng róuróu.

Qīngshān lǜshuǐ, yí piàn jǐnxiù.

6

가자, 가자, 가자, 가자, 가자.
우리 손에 손 잡고.
가자, 가자, 가자, 가자, 가자.
다 같이 소풍 가자.
흰 구름은 아득하고, 햇빛은 부드러워.
푸른 산과 바다가 아름다워.

Unit 7 他跑得真快!

단어

班 bān 반
加油 jiāyóu 파이팅
跑 pǎo 달리다
得 de 정도를 나타내는 말과 함께 쓰임
你看 nǐ kàn 봐봐(주의를 끌 때 쓰는 말)

一班加油！
Yī bān jiāyóu!

他是谁？ 他跑得真快！
Tā shì shéi? Tā pǎo de zhēn kuài!

他是三班的东东。
Tā shì sān bān de Dōngdong.

你看！是我们班的小龙！
Nǐ kàn! Shì wǒmen bān de Xiǎo Lóng!

他也跑得真快！
Tā yě pǎo de zhēn kuài!

一班加油！小龙加油！
Yī bān jiāyóu! Xiǎo Lóng jiāyóu!

1

Nánnan huà de zěnmeyàng?

2

Nánnan huà de hěn hǎo.

画

Huà de hěn hǎo.
画得很好。

唱

Chàng de hěn búcuò.
唱得很不错。

跑

Pǎo de hěn kuài.
跑得很快。

说

Shuō de hěn liúlì.
说得很流利。

Qǐ de hěn zǎo.
起得很早。

起

Qǐ de hěn wǎn.
起得很晚。

Tiào de hěn gāo.
跳得很高。

跳

Tiào de hěn yuǎn.
跳得很远。

长

Zhǎng de hěn shuài.
长得很帅。

Zhǎng de hěn piàoliang.
长得很漂亮。

一起玩儿吧 yìqǐ wánr ba　스무고개

Tā shì shéi?

nǚshēng
여학생

nánshēng
남학생

질문	답
Tā jǐ suì?	
Tā shì nánshēng ma?	
Tā bǐ nǐ gāo ma?	
Tā zhǎng de zěnmeyàng?	
Tā huì shénme yùndòng?	
Tā pǎo de kuài ma?	
Tā chàng de zěnmeyàng?	
Tā huà de hǎo ma?	
Tā xǐhuan chī shénme?	

※ 마음속으로 친구 한 명을 생각하고, 나머지 친구들은 위의 질문을 합니다. 그러면 자신이 생각한 친구에 맞게 대답을 합니다. 나머지 친구들은 대답을 들으면서 그 친구가 누구인지 알아맞히는 게임입니다. 질문이 모두 끝나면 동시에 자신이 생각한 사람을 가리켜서 맞추는 게임입니다.

做一做 zuò yi zuò

1 다음 대화를 잘 듣고 알맞은 성조를 표시하세요. 🎧 37

❶ Ni kan! Shi women ban de Xiao Long!

❷ Ta ye pao de zhen kuai!

2 잘 듣고 빈칸에 알맞은 말을 써 넣으세요. 🎧 38

❶ 나는 빨리 걸어요~

❷ 밍밍은 유창하게 말해요~

Wǒ ⬜ de hěn kuài.　　Míngming ⬜ de hěn ⬜.

3 길을 따라 내려가서 내용과 일치하는 스티커를 골라 붙이세요. 🐌

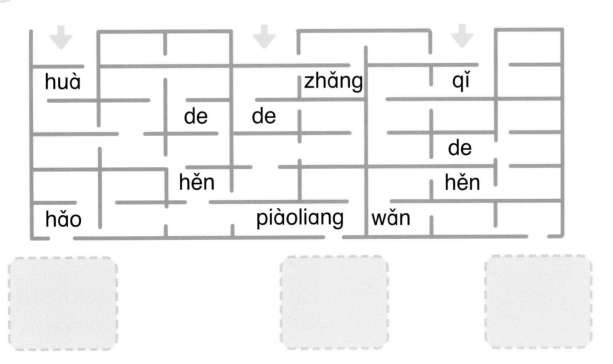

huà　　　zhǎng　　qǐ

de　de

hěn　　　　　de

hěn

hǎo　　piàoliang　wǎn

이어달리기 시합

단어

- 接力赛跑 jiēlì sàipǎo 이어달리기
- 开始 kāishǐ 시작하다
- 第一名 dì yī míng 1등
- 第二名 dì èr míng 2등

이어달리기 시합이 시작되었다.

지금 1등은 3반의 동동으로, 걔는 정말 빨리 뛴다.

우리반의 샤오롱은 2등이지만, 샤오롱도 정말 빨리 뛴다.

1반 파이팅!

샤오롱 파이팅!

Xiǎo Lóng jiāyóu!

Yī bān jiāyóu!

Jiēlì sàipǎo kāishǐ le.

Wǒmen bān de Xiǎo Lóng shì dì èr míng, kěshì tā yě pǎo de zhēn kuài.

Xiànzài dì yī míng shì sān bān de Dōngdong, tā pǎo de zhēn kuài.

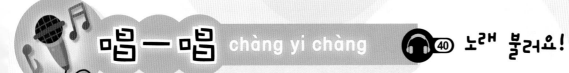 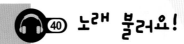
圆圆的太阳出来了!

둥근 해가 떴습니다!

yuán yuán di tài yáng chū lái le cóng -chuáng shang qǐ - - lái

qǐ - lái hòu xiān - shuā yá shàng yá xià yá dōu shuā shuā

liǎn xǐ de gāngan jìng jìng zhè bian nà bian dōu cā cā

shū - tóu - chuān - yī fu zhào - - jìng - zi

yì kǒu yì kǒu chī - wán fàn bēi shang shūbāo shuō zài - jiàn

wǒ - qù - yòu'ér yuán le gāo - gao - xìng xìng di

둥근 해가 떴습니다 자리에서 일어나서
제일 먼저 이를 닦자 윗니 아랫니 닦자
세수할 때는 깨끗이 이쪽 저쪽 목 닦고
머리 빗고 옷을 입고 거울을 봅니다
꼭꼭 씹어 밥을 먹고 가방 메고 인사하고
유치원에 갑니다 씩씩하게 갑니다

 Unit **8** 我也看过熊猫。

 那是大象！
Nà shì dàxiàng!

它的鼻子真长！
Tā de bízi zhēn cháng!

 这是什么？
Zhè shì shénme?

这是熊猫！你没看过吗？
Zhè shì xióngmāo! Nǐ méi kànguo ma?

 我没看过，你呢？
Wǒ méi kànguo, nǐ ne?

 我看过。南南，你也看过吧？
Wǒ kànguo. Nánnan, nǐ yě kànguo ba?

 当然！我也看过熊猫。
Dāngrán! Wǒ yě kànguo xióngmāo.

8

단어

大象 dàxiàng 코끼리
它 tā 그것, 저것(사물이나 동물을 가리킴)
鼻子 bízi 코
长 cháng 길다
熊猫 xióngmāo 판다(동물)
过 guo (동사 뒤)과거의 경험을 나타냄
当然 dāngrán 당연하다

1 Nǐ tīngguo Běibei chànggē ma?

2 Wǒ tīngguo Běibei chànggē.

3 Nǐ chīguo yìdàlìmiàn ma?

4 Wǒ chīguo. Hěn hǎochī!

※ 意大利面 yìdàlìmiàn 스파게티

练习 **liànxí** 🎧 43

qùguo

Nǐ qùguo yóujú ma?

yóujú

bówùguǎn

5 Nǐ qùguo Zhōngguó ma?

6 Wǒ méi qùguo Zhōngguó.

7 Nǐ kànguo zhè běn shū ma?

8 Wǒ méi kànguo.

méi   qùguo

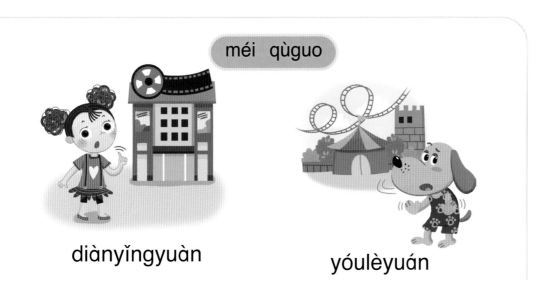

diànyǐngyuàn

yóulèyuán

我也看过熊猫。

※ 친구들과 설문 조사를 해 보세요. '~해 본 적이 있는지 없는지' 다음 질문들을 하고 그 결과를 적으세요. 대답할 때는 해 본 적이 있으면 "Wǒ ~guo." 해 본 적이 없으면 " Wǒ méi ~guo." 라고 합니다.

❶ Nǐ kànguo hóuzi ma?

O ː ✕

_____

❷ Nǐ kànguo xióngmāo ma?

O ː ✕

_____

❸ Nǐ qùguo Zhōngguó ma?

O ː ✕

_____

❹ Nǐ chuānguo qípáo ma?

O ː ✕

_____

❺ Nǐ chīguo bǐsàbǐng ma?

O ː ✕

_____

❻ Nǐ chīguo bōluó ma?

O ː ✕

_____

❼ Nǐ tīngguo Zhōngguó yīnyuè ma?

O ː ✕

每一天~

_____

❽ Nǐ xuéguo yóuyǒng ma?

O ː ✕

_____

做一做 zuò yi zuò

1 잘 듣고 '~해 본 경험'이 있으면 ○표, 없으면 ✕표 하세요. 🎧 44

2 잘 듣고 병음과 성조가 바르게 표기된 것에 ○표 하세요. 🎧 45

❶
pízi

bízi

❷
yìdàlìmiàn

yìtàlìmiàn

3 그림을 보고 빈칸에 알맞은 말을 써 넣으세요.

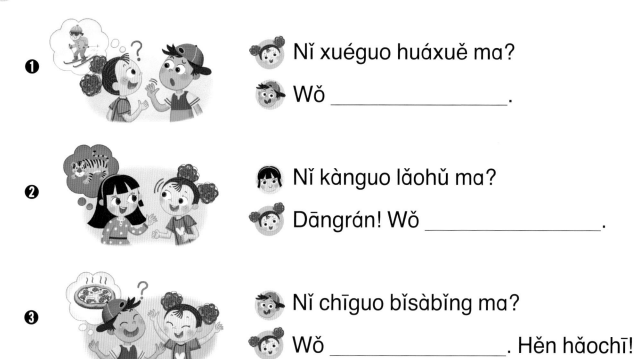

❶ Nǐ xuéguo huáxuě ma?

Wǒ _____.

❷ Nǐ kànguo lǎohǔ ma?

Dāngrán! Wǒ _____.

❸ Nǐ chīguo bǐsàbǐng ma?

Wǒ _____. Hěn hǎochī!

내가 가장 좋아하는 판다

나는 밍밍, 베이베이와 함께 그림책을 보고 있다.

그림책에는 <u>코끼리</u>와 판다가 있다.
❶

베이베이는 판다를 <u>본 적이 없다</u>고 하고,
❷

밍밍은 판다를 <u>본 적이 있다</u>고 한다.
❸

나도 <u>당연히</u> 본 적이 있다. 판다는
❹
내가 가장 좋아하는 동물이다.

Wǒ gēn Míngming、Běibei yìqǐ kàn túhuàshū.

Túhuàshū li yǒu ＿＿＿＿＿ hé xióngmāo.
❶

Běibei shuō ＿＿＿＿＿＿＿ xióngmāo,
❷

Míngming shuō ＿＿＿＿＿＿ xióngmāo.
❸

Wǒ yě ＿＿＿＿＿ kànguo. Xióngmāo shì
❹
wǒ zuì xǐhuan de dòngwù.

단어

- 图画书 túhuàshū 그림책
- 最 zuì 가장, 제일
- 动物 dòngwù 동물

힌트

kànguo	méi kànguo
dàxiàng	dāngrán

唱一唱 chàng yi chàng 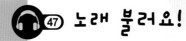 노래 불러요!

你们看过熊猫吗？

너희 판다 본 적 있니?

nǐ men kàn   guo xióng -   māo   ma nǐmen kàn guo xióng māo ma nǐ men

kàn guo xióng -   māo   ma   tā   zhǎng de   zěn me   yàng   wǒ

8

méi   kàn   guo   xióng māo   wǒ   kàn   guo   xióng   māo - wǒ yě

kàn guo xióng -   māo -   tā zhǎng de   hěn kě'   ài

너희 판다 본 적 있니? 너희 판다 본 적 있니?

너희 판다 본 적 있니? 판다는 어떻게 생겼니?

난 판다 본 적 없어 난 판다 본 적 있어

나도 판다 본 적 있어 판다는 아주 귀엽게 생겼어

我也看过熊猫。 73

Unit 9 我打算去中国旅游。

 寒假的时候，你打算干什么？
Hánjià de shíhou, nǐ dǎsuàn gàn shénme?

 我打算去爷爷家玩儿，你呢？
Wǒ dǎsuàn qù yéye jiā wánr, nǐ ne?

 我打算去中国旅游。
Wǒ dǎsuàn qù Zhōngguó lǚyóu.

真的吗？ 跟谁去？
Zhēn de ma?　Gēn shéi qù?

跟爸爸、 妈妈一起去。
Gēn bàba、　mā ma　yìqǐ　qù.

真羡慕你！
Zhēn xiànmù nǐ!

단어

寒假 hánjià 겨울 방학
的时候 de shíhou ~때(시간)
打算 dǎsuàn ~하려고 하다
旅游 lǚyóu 여행하다
跟 gēn ~와
羡慕 xiànmù 부러워하다

9

어떤 계획을 가지고 있는지 잘 듣고, 대화를
연습해 보세요.

② Wǒ dǎsuàn tī zúqiú.

③ Wǒ dǎsuàn dǎsǎo fángjiān.

④ Wǒ dǎsuàn qù Nánnan de shēngrì pàiduì.

⑤ Wǒ dǎsuàn gēn péngyoumen yìqǐ wánr.

① Xiàkè hòu, nǐ dǎsuàn gàn shénme?

6

Zhè ge xīngqītiān, nǐ dǎsuàn qù nǎr?

※ 这个星期天 zhè ge xīngqītiān
이번 일요일

7

Wǒ dǎsuàn gēn bàba yìqǐ qù páshān.

8

Shèngdànjié de shíhou, nǐ dǎsuàn gàn shénme?

※ 圣诞节 Shèngdànjié 크리스마스

9

Wǒ dǎsuàn qù yóulèyuán wánr.

10

Jīntiān wǎnshang, nǐ dǎsuàn kàn shénme diànshì jiémù?

11

Wǒ dǎsuàn kàn dònghuàpiàn.

※ 今天晚上 jīntiān wǎnshang 오늘 저녁

※ 节目 jiémù 프로그램
动画片 dònghuàpiàn 만화영화

一起玩儿吧 yìqǐ wánr ba

이번 방학에는?

Fàngjià de shíhou, nǐ dǎsuàn gàn shénme?

Wǒ dǎsuàn qù yéyejiā wánr.

正 正 正

Wǒ dǎsuàn nǔlì xuéxí.

正 正 正

Wǒ dǎsuàn gēn bàba、māma yìqǐ qù lǚyóu.

正 正 正

Wǒ dǎsuàn zuò zuòyè.

正 正 正

Wǒ dǎsuàn xué yùndòng.

正 正 正

Wǒ dǎsuàn zài jiā xiūxi.

正 正 正

※ 이번 방학에는 무엇을 할지, 어떤 계획을 가지고 있는지 친구들에게 물어 보고, 위에 있는 대답들 중에서 골라 대답하도록 합니다. 가장 많이 나온 대답과 적게 나온 대답이 무엇인지 이야기해 보세요.

做一做 zuò yi zuò

1 잘 듣고 난난이와 같이 갈 사람을 찾아 ○표 하세요.

2 잘 듣고 성조를 표시하고, 빈칸에 뜻을 써 넣으세요.

❶  Shengdanjie

❷ youleyuan

3 문장을 잘 보고 알맞은 스티커를 골라 붙이세요.

❶ Xiàkè hòu, wǒ dǎsuàn gēn māma yìqǐ qù mǎi yīfu.

❷ Zhè ge xīngqītiān, wǒ dǎsuàn gēn bàba yìqǐ qù páshān.

❸ Jīntiān wǎnshang, wǒ dǎsuàn kàn dònghuàpiàn.

이번 겨울 방학에는

이제 곧 겨울 방학이다.
①

듣자 하니, 방학 때 베이베이는

할아버지댁에 놀러 갈 거라고 한다.

나는 아빠, 엄마와 함께 중국에 여행갈

계획이다.

베이베이는 내가 정말 부럽다고 한다.
⑤

베이베이! 너무 나를 부러워하지 마!

Kuàiyào fàng _____ le.
①

Tīngshuō, zài fàngjià de _____ Běibei
②

dǎsuàn qù yéye jiā wánr.

Wǒ _____ gēn bàba、māma _____ qù
④ ③

Zhōngguó lǚyóu.

Běibei shuō tā fēicháng _____ wǒ.
⑤

Běibei! Bié tài _____ wǒ le!
⑤

단어
- 快要~了 kuàiyào ~ le 곧 ~하다
- 听说 tīngshuō 듣자 하니 ~라고 한다
- 太 tài 너무, 지나치게

힌트

| hánjià | xiànmù |

| yìqǐ | shíhou | dǎsuàn |

你打算干什么?

무얼 할 계획이야?

nǐ dǎsuàn gàn shénme　dǎsuàn gàn shénme　wǒ dǎsuàn　qù Zhōngguó

dǎsuàn qù Zhōngguó　wǒ gēn bàba　māma yìqǐ qù

péng you men shuō zhēn xiànmù nǐ -

9

무얼 할 계획이야 무얼 할 계획이야
나는 중국에 갈 계획이야 중국에 갈 거야
아빠랑 엄마랑 같이 갈 거야
친구들은 모두 내가 부럽다고 해

妈妈! 电影什么时候开始?
Māma! Diànyǐng shénme shíhou kāishǐ?

 晚上七点半开始。
Wǎnshang qī diǎn bàn kāishǐ.

 电影票呢?
Diànyǐngpiào ne?

 爸爸已经订了。
Bàba yǐjing dìng le.

단어

什么时候 shénme shíhou 언제
电影票 diànyǐngpiào 영화표
已经 yǐjing 이미
订 dìng 예매하다, 예약하다
了 le 동작의 완료를 나타내는 어기조사

妈妈，电影快要开始了。
Māma, diànyǐng kuàiyào kāishǐ le.

你看！爸爸来了！
Nǐ kàn! Bàba lái le!

1 Nǐ měitiān shénme shíhou qǐchuáng?

2 Wǒ měitiān zǎoshang liù diǎn qǐchuáng.

3 Wǒ měitiān zǎoshang qī diǎn qǐchuáng.

4 Māma! Nǎinai shénme shíhou lái?

5 Nǎinai míngtiān lái.

6 Bǔxíbān shénme shíhou xiàkè?

7 Wǎnshang liù diǎn xiàkè.

8 Diànyǐng shénme shíhou kāishǐ?

9 Diànyǐng kuàiyào kāishǐ le. Wǒmen kuài zǒu ba!

练习 liànxí 56

Kuàiyào **xiàyǔ** le.

Kuàiyào **chūntiān** le.

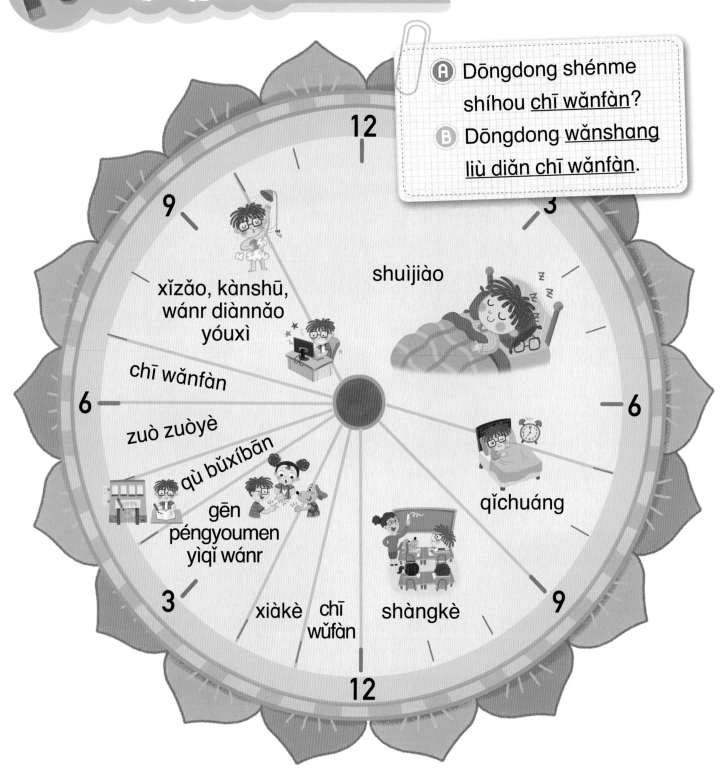

Ⓐ Dōngdong shénme shíhou chī wǎnfàn?
Ⓑ Dōngdong wǎnshang liù diǎn chī wǎnfàn.

shuìjiào

xǐzǎo, kànshū, wánr diànnǎo yóuxì

chī wǎnfàn

zuò zuòyè

qù bǔxíbān

gēn péngyoumen yìqǐ wánr

qǐchuáng

xiàkè   chī wǔfàn   shàngkè

※ 동동이의 하루를 보고, 동동이가 언제 무엇을 하는지 묻고 답하세요. 그리고 나서 부록의 오리기에 있는 일과표를 잘라 스티커로 꾸미고, 자신의 하루 일과표를 만들어 짝과 함께 언제 무엇을 하는지 묻고, 대답해 보세요.

做一做 zuò yi zuò

1 잘 듣고 알맞은 시간을 표시하세요. 🎧 57

❶

❷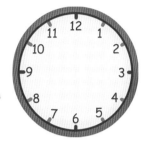

2 잘 듣고 알맞은 성조를 표시하세요. 🎧 58

❶
开始
kaishi

❷
订
ding

❸
什么时候
shenme shihou

10

3 그림을 보고, 빈칸에 알맞은 말을 넣어 문장을 완성하세요.

❶  Kuàiyào _____ le.

3月

❷ Kuàiyào _____ le.

❸  _____ kuàiyào dào le.

 **xiě yi xiě** ⑤ 우리말 문장의 짝을 찾아 연결해 보세요.

영화 보는 날

단어

- 约定 yuēdìng 약속(하다)
- 见面 jiànmiàn 만나다
- 还 hái 아직
- 才 cái 비로소, 겨우

우리는 영화관에서 만나기로 약속했다.	A! Bàba cái lái!
나는 엄마한테 영화가 언제 시작하는지 물어봤다.	Māma shuō diànyǐng kuàiyào kāishǐ le.
엄마는 영화가 곧 시작할 거라고 하셨다.	Wǒmen yuēdìng zài diànyǐngyuàn jiànmiàn.
그런데 아빠가 아직 안 오셨으니 어떡하지?	Kěshì bàba hái méi lái, zěnme bàn?
아! 아빠 이제야 오시네요!	Wǒ wèn māma diànyǐng shénme shíhou kāishǐ.

我的一天 나의 하루

mǎ tiān qǐ chuáng　qī diǎn bàn　měi tiān shàng kè　bā diǎn bàn

xià kè hòu qù　bǔ xí bān　shén me shí hou　huí jiā qù

kuài - yào - xià kè le　kuài - yào - huí jiā le

매일 일어나 아침 일곱시 반 매일 수업 시작해 여덟시 반

수업이 끝나면 학원 언제 집에 가지?

곧 수업이 끝나 곧 집에 갈 거야

10

电影什么时候开始? 89

1 你可以用我的。 내 것을 써도 돼.

본문 해석   p.10,11

베이베이	너 뭐 그리고 있어?
난난	나 우리 아빠 그리고 있어.
난난	어떻게 해! 나 빨간색 크레파스가 없어.
베이베이	걱정하지 마! 내 것을 써도 돼.
난난	고마워!
베이베이	천만에!

tīng hé shuō   p.12,13

❶ 나 너의 지우개 써도 돼?

❷ 써도 돼.

❸ 나 너의 자 써도 돼?

❹ 나 너의 연필 써도 돼?

❺ 나 너의 공책 써도 돼?

❻ 너도 와도 돼!

❼ 정말이야?

❽ 저 TV 봐도 돼요?

❾ 안 된다.

❿ 저 사탕 먹어도 돼요?

⓫ 먹어도 된다.

연습문제 정답   p.15

① ○ × ×

② ① hóngsè   ② làbǐ   ③ huà
   빨간색   크레파스   그리다

③ Zěnme bàn!
   Bié dānxīn!

쓰기 정답   p.16

① zài ② huà ③ Zěnme

④ kěyǐ ⑤ péngyou

노래 가사   p.17

开心地跳跳舞 一下子停下来

开心地跳跳舞 一下子停下来

别闭眼 别笑 别哭也不要动

(别站着 别坐 别躺也不要动)

开心地跳跳舞 一下子停下来

* 开心 kāixīn 즐겁다
* 地 de 조사(동사 또는 형용사 수식)
* 跳舞 tiàowǔ 춤을 추다   * 一下子 yíxiàzi 갑자기
* 停下来 tíng xiàlái 멈추다   * 闭眼 bìyǎn 눈을 감다
* 动 dòng 움직이다   * 站 zhàn 서다

2 我不能去。 나 못 가.

본문 해석   p.18,19

베이베이, 밍밍	난난, 안녕!
난난	애들아 안녕! 너희 어디 가?
베이베이	우리 공원에 가. 너도 같이 가자!
난난	나 못 가.
밍밍	왜?
난난	나 약국에 가야 해. 언니가 아프거든.

tīng hé shuō   p.20,21

❶ 너희 내 생일파티에 올 수 있어?

❷ 나 갈 수 있어.

❸ 나도 갈 수 있어.

④ 나 못 가.

⑤ 나도 못 가.

⑥ 난난, 일어나야지!

⑦ 못 일어나겠어요.

⑧ 너도 갈 수 있어?

⑨ 나 못 가. 학원에 가야 해.

⑩ 언니! 같이 TV 보자!

⑪ 나 못 봐. 숙제해야 하거든.

연습문제 정답   p.23

① ③①②

②

③ ① yìqǐ   ② bù néng

③ shénme   ④ yào

쓰기 정답   p.24

① yàofáng ② bù néng ③ jiějie

④ yào ⑤ yàofáng

노래 가사   p.25

你们能来我的生日派对吗?

能, 我能去。

能, 我也能去。

你们能来我的生日派对吗?

不能, 我不能去。

不能, 我也不能去。

3 我头疼, 嗓子疼。

머리가 아프고, 목이 아파요.

본문 해석   p.26,27

엄마   너 어디가 아프니?

난난   머리가 아프고, 목이 아파요.

엄마   빨리 병원 가서 진찰 받자!

의사선생님   감기에 걸렸네요.

엄마   심한가요?

의사선생님   심하지 않아요. 약을 좀 먹으면 곧 나
            을 거예요!

tīng hé shuō   p.28

❶ 너 어디가 아프니?

❷ 힘이 없어요.

연습문제 정답   p.31

① ② ③ ①

② ①   gǎnmào / gǎnmǎo   ② yánzhòng / yánzhōng   ③ kànbǐng / kànbìng

③ ① yá téng ② fāshāo ③ késou

쓰기 정답 p.32

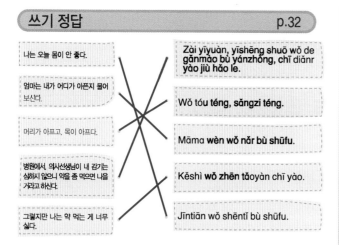

나는 오늘 몸이 안 좋다.	Zài yīyuàn, yīshēng shuō wǒ de gǎnmào bù yánzhòng, chī diǎnr yào jiù hǎo le.
엄마는 내가 어디가 아픈지 물어보신다.	Wǒ tóu téng, sǎngzi téng.
머리가 아프고, 목이 아프다.	Māma wèn wǒ nǎr bù shūfu.
병원에서, 의사선생님이 내 감기는 심하지 않으니 약을 좀 먹으면 나을 거라고 하신다.	Kěshì wǒ zhēn tǎoyàn chī yào.
그렇지만 나는 약 먹는 게 너무 싫다.	Jīntiān wǒ shēntǐ bù shūfu.

노래 가사 p.33

哪儿不舒服？哪儿不舒服？

你哪儿不舒服？

头疼，嗓子疼，没有力气。

感冒了，吃点儿药就好了。

哪儿不舒服？哪儿不舒服？

你哪儿不舒服？

发烧，咳嗽，流鼻涕。

感冒了，快点儿休息吧。

＊ 休息 xiūxi 쉬다

4 我的房间里有一张床。
제 방에는 침대가 한 개 있어요.

본문 해석 p.34

난난 '나의 방'을 소개할게요.

　제 방은 크지는 않지만, 아주 예뻐요.

　제 방 안에는 침대가 한 개 있어요.

　또 책상이 한 개 있고, 의자가 두 개 있어요.

　책상 위에는 컴퓨터가 한 대 있어요.

tīng hé shuō p.36, 37

❶ 방 안에는 침대 한 개, 책상 두 개가 있어요.

❷ 방 안에 또 네 켤레의 신발과 다섯 벌의 옷이 있어요.

❸ 책상 위에는 여덟 컵의 우유, 아홉 병의 콜라와 열 마리의 금붕어가 있어요.

연습문제 정답 p.39

① ① liǎng zhāng chuáng
　② wǔ běn shū
　③ yì tái diànnǎo

② ① bēi　② zhī
　③ bǎ　④ shuāng

③ ①

liù běn shū

　②

sì píng kělè

쓰기 정답 p.40

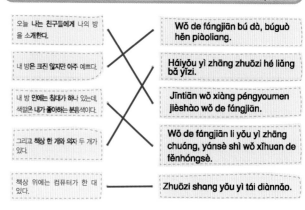

오늘 나는 친구들에게 나의 방을 소개한다.	Wǒ de fángjiān bú dà, búguò hěn piàoliang.
내 방은 크진 않지만 아주 예쁘다.	Háiyǒu yì zhāng zhuōzi hé liǎng bǎ yǐzi.
내 방 안에는 침대가 하나 있는데, 색깔은 내가 좋아하는 분홍색이다.	Jīntiān wǒ xiàng péngyoumen jièshào wǒ de fángjiān.
그리고 책상 한 개와 의자 두 개가 있다.	Wǒ de fángjiān li yǒu yì zhāng chuáng, yánsè shì wǒ xǐhuan de fěnhóngsè.
책상 위에는 컴퓨터가 한 대 있다.	Zhuōzi shang yǒu yì tái diànnǎo.

노래 가사   p.41

蓝蓝的天空 银河里有只小白船

船上有棵桂花树 白兔在游玩

桨儿桨儿看不见 船上也没帆

漂呀漂呀 漂向西天

* 天空 tiānkōng 하늘   * 银河 yínhé 은하

* 只 zhī 척   * 棵 kē 그루

* 桂花树 guìhuā shù 계수나무   * 游玩 yóuwán 노닐다

* 桨 jiǎng 노   * 帆 fān 돛

* 漂 piāo 떠다니다   * 西天 xītiān 서쪽 나라

5 我去百货商店买衣服。

나는 옷을 사러 백화점에 가.

본문 해석   p.42,43

베이베이   아주머니, 안녕하세요! 난난, 안녕!

난난   베이베이, 안녕! 어디 가?

베이베이   공부하러 학원에 가는데, 너는?

난난   나는 옷 사러 백화점에 가.

           그러고 나서 햄버거 먹으러 패스트푸드
           점에 가!

tīng hé shuō   p.44,45

❶ 너희 어디 가?

❷ 우리 축구하러 운동장에 가.

❸ 나는 옷을 사러 백화점에 가.

❹ 나는 영어 공부하러 학원에 가.

❺ 나는 진찰 받으러 병원에 가.

❻ 나는 밥 먹으러 식당에 가.

❼ 나는 컴퓨터 게임하러 피씨방에 가.

❽ 나는 저금하러 은행에 가.

연습문제 정답   p.47

① ① ○   ② ×

② ①   cǔnqiǎn   ②   (băihuòshāngdiàn)

         (cúnqián)   báihuòshàngdiān

③ ① Wǒ qù yàofáng mǎi yào.

    ② Wǒ qù yīyuàn kànbìng.

    ③ Wǒ qù cāochǎng tī zúqiú.

쓰기 정답   p.48

① bǔxíbān ② mǎi yīfu ③ kuàicāntīng

노래 가사   p.49

你去哪儿？你去哪儿？你去哪儿干什么？

我去操场，我去操场，我去操场踢足球。

你去哪儿？你去哪儿？你去哪儿干什么？

我去医院，我去医院，我去医院看病。

6 去百货商店怎么走？

백화점은 어떻게 가나요?

본문 해석   p.50,51

난난   엄마! 백화점 어디에 있어요?

엄마   확실하지가 않네. 다른 사람한테 물어보자!

엄마   저기요, 백화점에 어떻게 가죠?

행인   앞으로 곧장 가면, 바로 백화점이에요.

       백화점은 우체국 맞은편에 있어요.

엄마   감사합니다!

tīng hé shuō   p.52,53

❶ A는 B의 왼쪽에 있다.

   B는 A의 오른쪽에 있다.

❷ C는 D의 맞은편에 있다.

❸ E는 F의 옆에 있다.

❹ 길목을 하나 지나면 바로 학교예요.

❺ 삼거리에서 왼쪽으로 도세요.

❻ 길을 건너세요.

❼ 사거리에서 오른쪽으로 도세요.

연습문제 정답   p.55

① ④

② ① [dào] [wǎng]

   ② [dào] [wǎng] [guǎi]

③ ① Ⓒ ② Ⓕ

쓰기 정답   p.56

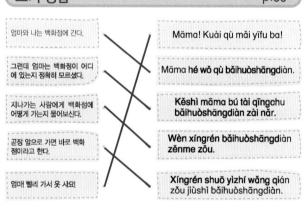

엄마와 나는 백화점에 간다.	Māma! Kuài qù mǎi yīfu ba!
그런데 엄마는 백화점이 어디에 있는지 정확히 모르셨다.	Māma hé wǒ qù bǎihuòshāngdiàn.
지나가는 사람에게 백화점에 어떻게 가는지 물어보신다.	Kěshì māma bú tài qīngchu bǎihuòshāngdiàn zài nǎr.
곧장 앞으로 가면 바로 백화점이라고 한다.	Wèn xíngrén bǎihuòshāngdiàn zěnme zǒu.
엄마! 빨리 가서 옷 사요!	Xíngrén shuō yìzhí wǎng qián zǒu jiùshì bǎihuòshāngdiàn.

노래 가사   p.57

走, 走, 走, 走, 走。

我们手拉手。

走, 走, 走, 走, 走。

一同去郊游。

白云悠悠, 阳光柔柔。

青山绿水, 一片锦绣。

* 手拉手 shǒu lā shǒu 손에 손을 맞잡다

* 一同 yìtóng 같이   * 郊游 jiāoyóu 교외로 소풍 가다

* 白云悠悠 báiyún yōuyōu 흰 구름이 아득하다

* 阳光柔柔 yángguāng róuróu 햇빛이 부드럽다

* 青山绿水 qīngshān lǜshuǐ 푸른 산과 바다

* 一片 yí piàn 전부   * 锦绣 jǐnxiù 화려하고 아름답다

7 他跑得真快! 쟤 정말 빨리 달린다!

본문 해석   p.59

반 친구들   1반 파이팅!

난난   쟤는 누구야? 쟤 정말 빨리 달린다!

베이베이   쟤는 3반의 동동이야.

난난   봐봐! 우리반의 샤오롱이다!

베이베이   쟤도 정말 빨리 뛴다!

반 친구들   1반 파이팅! 샤오롱 파이팅!

tīng hé shuō   p.60

❶ 난난이 그림 그리는게 어떤가요?

❷ 난난이 그림 잘 그려요!

연습문제 정답   p.63

① ① Nǐ kàn! Shì wǒmen bān de Xiǎo Lóng!

   ② Tā yě pǎo de zhēn kuài!

② ① Wǒ [zǒu] de hěn kuài.

   ② Míngming [shuō] de hěn [liúlì].

③

쓰기 정답　　　　　　　　　　p.64

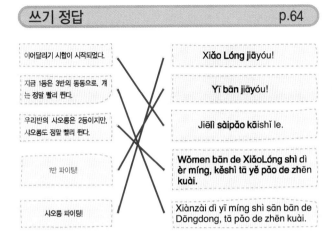

이어달리기 시합이 시작되었다. ↔ Jiēlì sàipǎo kāishǐ le.

지금 1등은 3반의 둥둥으로, 걔 는 정말 빨리 뛴다. ↔ Xiànzài dì yī míng shì sān bān de Dōngdong, tā pǎo de zhēn kuài.

우리반의 샤오롱은 2등이지만, 샤오롱도 정말 빨리 뛴다. ↔ Wǒmen bān de XiǎoLóng shì dì èr míng, kěshì tā yě pǎo de zhēn kuài.

1반 파이팅! ↔ Yī bān jiāyóu!

샤오롱 파이팅! ↔ Xiǎo Lóng jiāyóu!

노래 가사　　　　　　　　　　p.65

圆圆的太阳出来了 从床上起来

起来后先刷牙 上牙下牙都刷刷

脸洗得干干静静 这边那边都擦擦

梳头 穿衣服 照镜子

一口一口吃完饭 背上书包说再见

我去幼儿园了 高高兴兴的

* 圆 yuán 둥글다
* 太阳 tàiyáng 태양
* 出来 chūlái 나오다
* 起来 qǐlái 일어나다
* 先 xiān 먼저
* 干干静静 gāngan jìngjìng 깨끗하다
* 擦 cā 닦다
* 梳头 shū tóu 머리 빗다
* 照 zhào 비추다
* 镜子 jìngzi 거울
* 背 bēi 짊어지다
* 幼儿园 yòu'éryuán 유치원

8 我也看过熊猫。
나도 판다를 본 적 있어.

본문 해석　　　　　　　　　　p.66,67

밍밍　　저거 코끼리네! 코끼리의 코는 정말 길구나!

베이베이　이건 뭐야?

밍밍　　이건 판다야! 너 본 적 없어?

베이베이　나 본 적 없어. 너는?

밍밍　　나 본 적 있어. 난난, 너도 본 적 있지?

난난　　당연하지! 나도 판다 본 적 있어.

tīng hé shuō　　　　　　　　　　p.68,69

❶ 너 베이베이가 노래 부르는 거 들어 본 적 있어?

❷ 나 베이베이가 노래 부르는 거 들어 본 적 있어.

❸ 너 스파게티 먹어 봤어?

❹ 나 먹어 봤어. 아주 맛있어!

❺ 중국에 가 본 적 있니?

❻ 저 중국에 가 본 적 없어요.

❼ 너 이 책 본 적 있어?

❽ 나 본 적 없어.

liànxí　　　　　　　　　　p.68

우체국에 간 적 있어?

연습문제 정답　　　　　　　　　　p.71

① ① ✕　② ○　③ ✕

②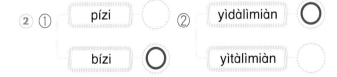
① pízi / bízi ○　② yìdàlìmiàn ○ / yìtàlìmiàn

③ ① Wǒ <u>méi xuéguo</u>.
　② Dāngrán! Wǒ <u>kànguo</u>.
　③ Wǒ <u>chīguo</u>. Hěn hǎochī.

쓰기 정답　　　　　　　　　　p.72

① dàxiàng　② méi kànguo　③ kànguo　④ dāngrán

你们看过熊猫吗？你们看过熊猫吗？

你们看过熊猫吗？它长得怎么样？

我没看过熊猫 我看过熊猫

我也看过熊猫 它长得很可爱

9 我打算去中国旅游。

난 중국에 여행 가려고 해.

난난	겨울 방학 때, 너 뭐 할 거야?
베이베이	나 할아버지 댁에 놀러 가려고 해, 너는?
난난	나는 중국에 여행 갈 계획이야.
베이베이	진짜야? 누구랑 가는데?
난난	아빠랑 엄마랑 같이 가.
베이베이	정말 부럽다!

❶ 수업 끝나고, 너 뭐 할 거야?

❷ 나는 축구 하려고 해.

❸ 나는 방 청소를 할 계획이야.

❹ 나는 난난이의 생일파티에 가려고 해.

❺ 나는 친구들이랑 같이 놀 거야.

❻ 이번 일요일에 너 어디 갈 거야?

❼ 나 아빠랑 같이 등산 가려고 해.

❽ 크리스마스 때 너 뭐 할 거야?

❾ 나 놀이공원에 놀러 갈 계획이야.

❿ 오늘 저녁에 어떤 TV 프로그램 볼 거야?

⓫ 나 만화영화 볼 계획이야.

①

② ① Shèngdànjié 크리스마스　② yóulèyuán 놀이동산

③ ① 　② 　③

① hánjià　② shíhou　③ yìqǐ　④ dǎsuàn　⑤ xiànmù

你打算干什么 打算干什么 我打算去中国

打算去中国 我跟爸爸、妈妈一起去

朋友们说真羡慕你

10 电影什么时候开始?

영화 언제 시작해요?

난난	엄마! 영화 언제 시작해요?
엄마	저녁 7시 반에 시작한단다.
난난	영화표는요?
엄마	아빠가 이미 예매하셨단다.
난난	엄마, 영화가 곧 시작하려고 해요.
엄마	봐봐! 아빠 오셨다!

tīng hé shuō   p.84,85

❶ 너 매일 언제 일어나니?

❷ 저는 매일 아침 6시에 일어나요.

❸ 저는 매일 아침 7시에 일어나요.

❹ 엄마! 할머니 언제 오세요?

❺ 할머니 내일 오셔.

❻ 학원 언제 수업 끝나?

❼ 저녁 6시에 수업 끝나.

❽ 영화 언제 시작해?

❾ 영화 곧 시작할 거야. 우리 빨리 가자!

liànxí   p.85

곧 비가 오려고 해.

곧 봄이다.

연습문제 정답   p.87

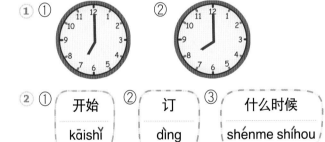

③ ① Kuàiyào <u>xiàyǔ</u> le.

   ② Kuàiyào <u>sān yuè</u> le.

   ③ <u>Xiàtiān</u> kuàiyào dào le.

쓰기 정답   p.88

노래 가사   p.89

每天起床七点半 每天上课八点半

下课后去补习班 什么时候回家去

快要下课了 快要回家了

* 每天 měitiān 매일

* 上课 shàngkè 수업하다

* 下课 xiàkè 수업이 끝나다

* 回家 huí jiā 집에 가다

신니하오 어린이 중국어 ❸권 듣기문제 스크립트입니다.

Unit 1 p.15

1.

❶ Nǐ kěyǐ yòng wǒ de làbǐ.

❷ Nǐ bù kěyǐ chī táng.

❸ Nǐ kěyǐ kàn diànshì.

2.

❶ hóngsè

❷ làbǐ

❸ huà

Unit 2 p.23

1.

❶ A: Nǐ néng zǒu ma?

B: Wǒ bù néng zǒu.

❷ Wǒmen yìqǐ qù gōngyuán ba! Míngming yě néng qù.

❸ A: Jiějie, wǒmen yìqǐ kàn diànshì ba!

B: Wǒ bù néng kàn diànshì. Wǒ yào zuò zuòyè.

2.

❶ Jiějie bìng le.

❷ Nánnan de shēngrì pàiduì.

❸ Wèishénme?

Unit 3 p.31

1.

❶ Wǒ tuǐ téng.

❷ Chī diǎnr yào jiù hǎo le.

❸ Kuài qù yīyuàn kànbìng ba.

2.

❶ gǎnmào

❷ yánzhòng

❸ kànbìng

Unit 4 p.39

1.

❶ liǎng zhāng chuáng

❷ wǔ běn shū

❸ yì tái diànnǎo

Unit 5 p.47

1.

❶ A: Dōngdong qù nǎr?

B: Dōngdong qù yīyuàn kànbìng.

❷ A: Míngming qù nǎr?

B: Míngming qù yínháng cúnqián.

2.

❶ cúnqián

❷ bǎihuòshāngdiàn

Unit 6 p.55

1.

A: Yóujú zài nǎr?

B: Yóujú zài chāoshì de zuǒbian.

A: Nàme, chāoshì zài nǎr?

B: Chāoshì zài yínháng de duìmiàn.

Unit 7 p.63

1.

❶ Nǐ kàn! Shì wǒmen bān de Xiǎo Lóng!

❷ Tā yě pǎo de zhēn kuài!

2.

❶ Wǒ zǒu de hěn kuài.

❷ Míngming shuō de hěn liúlì.

Unit 8 p.71

1.

❶ Wǒ méi kànguo xióngmāo.

❷ Wǒ kànguo dàxiàng.

❸ Wǒ méi qùguo Zhōngguó.

2.

❶ bízi

❷ yìdàlìmiàn

Unit 9 p.79

1.

A: Nǐ dǎsuàn gēn shéi yìqǐ qù?

B: Wǒ dǎsuàn gēn bàba、māma yìqǐ qù.

2.

❶ Shèngdànjié

❷ yóulèyuán

Unit 10 p.87

1.

❶ A: Nǐ měitiān shénme shíhou qǐchuáng?

B: Wǒ měitiān zǎoshang qī diǎn qǐchuáng.

❷ A: Bǔxíbān shénme shíhou xiàkè?

B: Wǎnshang bā diǎn xiàkè.

2.

❶ kāishǐ

❷ dìng

❸ shénme shíhou

부록

매 과 새단어와 추가 표현 단어 187개의 단어를 과별로
정리하였습니다. 얼마나 알고 있는지 확인해 보세요.

Unit 1

画	huà	(그림을)그리다
怎么办	zěnme bàn	어떻게 해
蜡笔	làbǐ	크레파스
别	bié	~하지 마라(금지)
担心	dānxīn	걱정하다
可以	kěyǐ	~해도 된다(허가)
用	yòng	쓰다, 사용하다
的	de	~의 것
真	zhēn	정말이다, 진짜
糖	táng	사탕
可是	kěshì	그런데, 그러나
说	shuō	말하다
开心	kāixīn	즐겁다
地	de	조사(동사 또는 형용사 수식)
跳舞	tiàowǔ	춤을 추다
一下子	yíxiàzi	갑자기
停下来	tíng xiàlái	멈추다
闭眼	bìyǎn	눈을 감다
动	dòng	움직이다
站	zhàn	서다

Unit 2

能	néng	~할 수 있다(가능)
为什么	wèishénme	왜, 어째서
要	yào	~해야 한다
药房	yàofáng	약국
病	bìng	아프다, 병
了	le	어기조사(동작이나 상황의 변화를 나타냄)
派对	pàiduì	파티
起床	qǐchuáng	일어나다
走	zǒu	걷다
路上	lùshang	도중
碰到	pèngdào	(우연히)마주치다
因为	yīnwèi	왜냐하면(~때문이다)
所以	suǒyǐ	그래서
希望	xīwàng	희망하다, 바라다
快点儿	kuài diǎnr	(좀)빨리

Unit 3

舒服	shūfu	(몸, 마음) 편안하다
疼	téng	아프다
嗓子	sǎngzi	목
看病	kànbìng	진찰을 받다
严重	yánzhòng	심하다
(一)点儿	(yì)diǎnr	조금, 약간
就	jiù	곧, 바로
没有力气	méiyǒu lìqi	힘이 없다
发烧	fāshāo	열이 나다
肚子疼	dùzi téng	배가 아프다
流鼻涕	liú bítì	콧물이 나다

咳嗽	késou	기침을 하다
眼睛疼	yǎnjing téng	눈이 아프다
腰疼	yāo téng	허리가 아프다
腿疼	tuǐ téng	다리가 아프다
牙疼	yá téng	이가 아프다
吃药	chī yào	약을 먹다
打点滴	dǎ diǎndī	링거를 맞다
打针	dǎzhēn	주사를 놓다
动手术	dòng shǒushù	수술을 하다
住院	zhùyuàn	입원하다
问	wèn	묻다
医生	yīshēng	의사
讨厌	tǎoyàn	싫어하다
休息	xiūxi	쉬다

Unit 4

我来	wǒ lái	내가 ~하다
介绍	jièshào	소개하다
房间	fángjiān	방
不过	búguò	그러나
里	lǐ(li)	안
张	zhāng	개(침대, 책상을 세는 양사)
还有	háiyǒu	또, 그리고
把	bǎ	개(의자를 세는 양사)
上	shàng(shang)	~위에
台	tái	대(컴퓨터를 세는 양사)

双	shuāng	켤레
件	jiàn	벌
本	běn	권
支	zhī	자루
杯	bēi	잔
瓶	píng	병
条	tiáo	마리
金鱼	jīnyǔ	금붕어
向	xiàng	~에게
朋友们	péngyoumen	친구들
天空	tiānkōng	하늘
银河	yínhé	은하
只	zhī	척
棵	kē	그루
桂花树	guìhuā shù	계수나무
游玩	yóuwán	노닐다
桨	jiǎng	노
帆	fān	돛
漂	piāo	떠다니다
西天	xītiān	서쪽 나라

Unit 5

阿姨	āyí	아주머니
您	nín	你(너)의 존대말
百货商店	bǎihuòshāngdiàn	백화점
然后	ránhòu	그리고 나서
快餐厅	kuàicāntīng	패스트푸드점

操场	cāochǎng	운동장
电脑游戏	diànnǎo yóuxì	컴퓨터 게임
存钱	cúnqián	저금하다
电影院	diànyǐngyuàn	영화관
高兴	gāoxìng	기쁘다

Unit 6

清楚	qīngchu	뚜렷하다, 분명하다
别人	biérén	다른 사람
请问	qǐngwèn	실례합니다(물어볼 때 쓰는 표현)
怎么	zěnme	어떻게
一直	yìzhí	곧장
往	wǎng	~로(향하여)
前	qián	앞
就是	jiùshì	바로 ~이다
对面	duìmiàn	맞은편
左边	zuǒbian	왼쪽
右边	yòubian	오른쪽
对面	duìmiàn	맞은 편
拐	guǎi	돌다
旁边	pángbiān	옆쪽
过	guò	건너다, 지나가다
路口	lùkǒu	길목
丁字路口	dīngzì lùkǒu	삼거리
马路	mǎlù	대로, 큰길
十字路口	shízì lùkǒu	사거리
行人	xíngrén	지나가는 사람, 행인

手拉手	shǒu lā shǒu	손에 손을 맞잡다
一同	yìtóng	같이
郊游	jiāoyóu	교외로 소풍 가다
白云悠悠	báiyún yōuyōu	흰 구름이 아득하다
阳光柔柔	yángguāng róuróu	햇빛이 부드럽다
青山绿水	qīngshān lǜshuǐ	푸른 산과 바다
一片	yí piàn	전부
锦绣	jǐnxiù	화려하고 아름답다

Unit 7

在班	bān	반
加油	jiāyóu	파이팅
跑	pǎo	달리다
得	de	~한 정도가(정도를 나타내는 말과 함께 쓰임)
你看	nǐ kàn	봐봐(주의를 끌 때 쓰는 말)
跳	tiào	뛰다
长	zhǎng	생기다
接力赛跑	jiēlì sàipǎo	이어달리기
开始	kāishǐ	시작하다
第一名	dì yī míng	1등
第二名	dì èr míng	2등
圆	yuán	둥글다
太阳	tàiyáng	태양
出来	chūlái	나오다
起来	qǐlái	일어나다

先	xiān	먼저
干干静静	gāngan jìngjìng	깨끗하다
擦	cā	닦다
梳头	shū tóu	머리 빗다
照	zhào	비추다
镜子	jìngzi	거울
背	bēi	짊어지다
幼儿园	yòu'éryuán	유치원

Unit 8

大象	dàxiàng	코끼리
它	tā	그것, 저것(사물, 동물을 가리킴)
鼻子	bízi	코
长	cháng	길다
熊猫	xióngmāo	판다(동물)
过	guo	(동사 뒤)과거의 경험을 나타냄
当然	dāngrán	당연하다
意大利面	yìdàlìmiàn	스파게티
图画书	túhuàshū	그림책
最	zuì	가장, 제일
动物	dòngwù	동물

Unit 9

寒假	hánjià	겨울 방학
的时候	de shíhou	~때(시간)

打算	dǎsuàn	~하려고 하다(가까운 미래의 계획)
旅游	lǚyóu	여행하다
跟	gēn	~와
羡慕	xiànmù	부러워하다
圣诞节	Shèngdànjié	크리스마스
节目	jiémù	프로그램
动画片	dònghuàpiàn	만화영화
快要~了	kuàiyào ~ le	곧 ~ 하다
听说	tīngshuō	듣자하니 ~라고 한다
太	tài	너무

Unit 10

什么时候	shénme shíhou	언제
电影票	diànyǐngpiào	영화표
已经	yǐjing	이미
订	dìng	예매하다, 예약하다
了	le	동작의 완료를 나타내는 어기조사
约定	yuēdìng	약속(하다)
见面	jiànmiàn	만나다
还	hái	아직
才	cái	비로소, 겨우
每天	měitiān	매일
上课	shàngkè	수업하다
下课	xiàkè	수업이 끝나다
回家	huí jiā	집에 가다

저자 소개

이창재

한양대학교 중문과 졸업
한국외국어대학교 통역번역대학원 한중과 석사(24기)
現) 시사(강남) 중국어학원 新HSK 6급 및 통번역대학원 준비반 전담강사
前) 외시 및 행시 중국어 강사춘추관법정연구회 외무고시 및 행정고시 전담강사
이얼싼중국문화원 초 · 중등 및 고등 HSK 강사LG화학 등 출강

김지연

이화여자대학교 사학과 졸업
한국외국어대학교 통역번역대학원 한중과 졸업
現중국어 통 · 번역사로 활동 중

张琦(장기)

中國吉林大學校한국어학과 졸업
한국외국어대학교 통역번역대학원 한중과 졸업
한국외국어대학교 일반 대학원 중어중문학과 박사과정 수료
現경희대학교 중국어학과 조교수

新 니하오 어린이 중국어 ③

개정2판1쇄　2022년 10월 5일

저자　　이창재 김지연 张琦(장기)
발행인　이기선
발행처　제이플러스
등록번호　제10-1680호
등록일자　1998년 12월 9일
주소　　서울시 마포구 월드컵로 31길 62
전화　　영업부 02-332-8320 편집부 02-3142-2520
팩스　　02-332-8321
홈페이지　www.jplus114.com

ISBN　　979-11-5601-200-9
　　　　979-11-5601-048-7〈플래시CD포함교재〉

...ishénme?

④ Nǐ nǎr bù shūfu?

⑤ Fángjiān li yǒu yì zhāng chuáng. Háiyǒu shénme?

⑥ Nǐ qù nǎr?

⑦ Ⓐ zài nǎr?

...nnan huà de ...meyàng?

⑧ Qǐngwèn, qù xuéxiào zěnme zǒu?

이름	
날짜	
선생님 확인	
부모님 확인	

나의 실력은?

☑ 12~15개
참 잘했어요! 그동안 열심히 공부했네요. 꾸준히 복습하는 것도 잊지 마세요.

☑ 7~11개
잘했어요! 틀린 곳이 어디인지 다시 확인해 보고, 바르게 고쳐 보세요.

☑ 5~10개
좀더 노력해야겠어요. 공부하고 다시 도전해 보세요.

☑ 0~4개
1과부터 다시 공부하세요.

메모

선생님이 체크해 주세요.

	매우 뛰어남	뛰어남	좋음	노력요함	부족함
회화능력					
듣기능력					
이해력					
어휘력					
응용력					

Language Publishing Co.

시작 →

❶ Wǒ kěyǐ chī táng ma?

❷ Wǒmen yìqǐ qù gōngyuán ba!

❸ W...

❶⑤ Diànyǐng shénme shíhou kāishǐ?

新 니하오 어린이 중국어

종합 평가프

사용 방법

그림을 보면서 질문 또는 문장에 알맞은 대답을 해 보세요. 맞게 대답했을 때는 ■ 칸에 ☑체크해 주세요.

❶④ Nǐ měitiān shénme shíhou qǐchuáng?

❶③ Nǐ dǎsuàn gàn shénme?

❶② Wǒ méi kànguo, nǐ ne?

❶① Nǐ chīguo yìdàlìmiàn ma?

❶⓪ Dōngdong pǎo de zěnmeyàng?

❾ Nǐ... zě...

2과 p.23

yìqǐ   bù néng   shénme   yào

4과 p.39

zhī   bǎ   bēi   běn   shuāng   píng

6과 p.55

wǎng   dào   zuǒ   yòu   wǎng   guǎi   dào

7과 p.63

9과 p.79

10과 p.86

자르는 선
접는 선
풀칠하는 곳

✽ p. 30 병원놀이

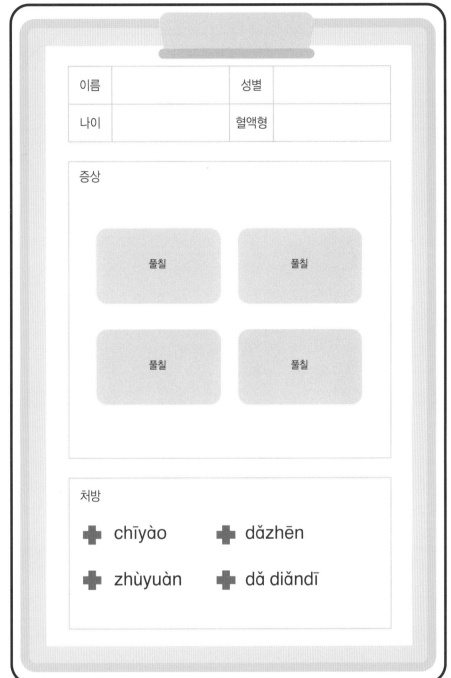

이름		성별	
나이		혈액형	

증상

풀칠	풀칠
풀칠	풀칠

처방

✚ chīyào   ✚ dǎzhēn

✚ zhùyuàn   ✚ dǎ diǎndī

fāshāo 发烧	dùzi téng 肚子疼
liú bítì 流鼻涕	késou 咳嗽
yǎnjing téng 眼睛疼	yāo téng 腰疼
tuǐ téng 腿疼	yá téng 牙疼
tóu téng 头疼	sǎngzi téng 嗓子疼

✽한 사람은 의사가 되고 다른 한 사람은 환자
가 되어서 병원놀이를 해 보세요. 어디가 아
픈지 묻고, 아픈 곳의 증상을 오려 붙이고
알맞은 처방을 내려 보세요.

✽ p. 54 길 찾기

✽옆에 있는 난난이 그림을 오려서 지도 위에 직접 이동시키면서 길을 찾아가 보세요.

※ p. 46 스피드 퀴즈 ①

tī zúqiú

mǎi yīfu

xuéxí Yīngyǔ

kànbìng

chīfàn

※ 스피드 퀴즈 ①, ②의 카드를 잘라서 친구들과 스피드 퀴즈를 해 보세요.

✽ p. 46 스피드 퀴즈 ②

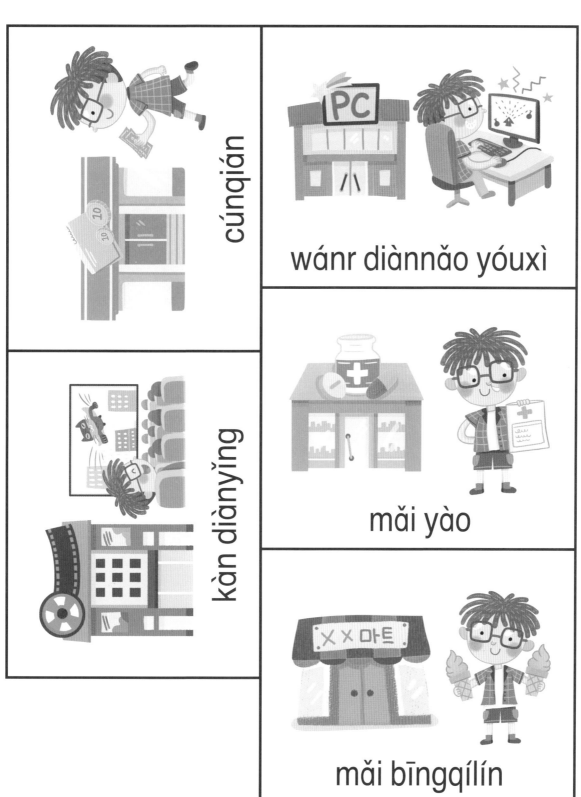

cúnqián

wánr diànnǎo yóuxì

kàn diànyǐng

mǎi yào

mǎi bīngqílín

✽ 스피드 퀴즈 ①, ②의 카드를 잘라서 친구들과 스피드 퀴즈를 해 보세요.

✽ p. 86 나의 하루

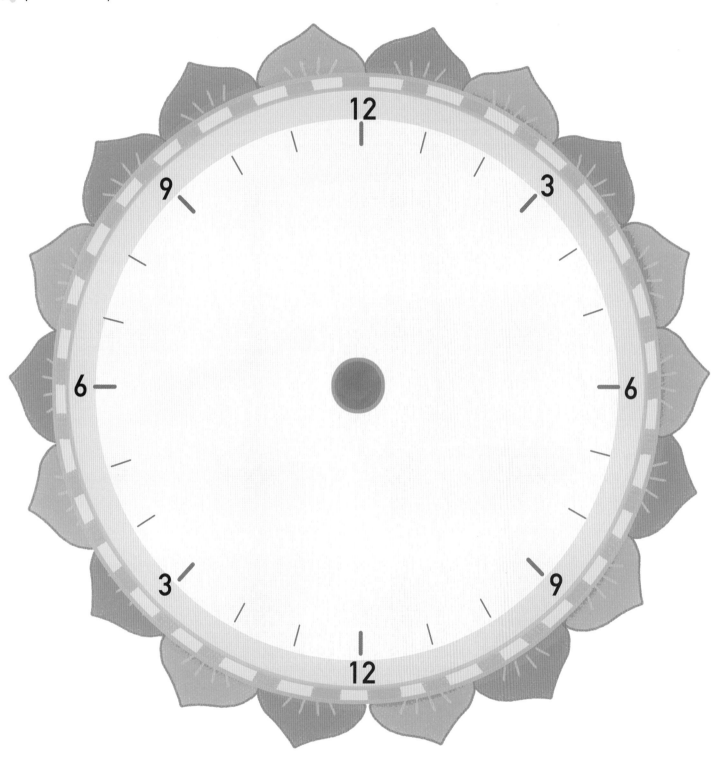

huà

zěnme bàn

làbǐ

~하지 마라

bié

dānxīn

kěyǐ

yòng

néng

❶–2 怎么办	**❶–1** 画
❶–4 别	**❶–3** 蜡笔
❶–6 可以	**❶–5** 担心
❷–1 能	**❶–7** 用

wèishénme

~해야 한다

yào

yàofáng

bìng

shūfu

téng

săngzi

kànbìng

❷-3	❷-2
要	为什么

❷-5	❷-4
病	药房

❸-2	❸-1
疼	舒服

❸-4	❸-3
看病	嗓子

yánzhòng

조금, 약간

(yì)diǎnr

곧, 바로

jiù

내가 ~하다

wǒ lái

jièshào

fángjiān

그러나

búguò

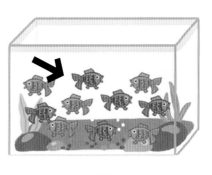

li

(一)点儿

严重

我来

就

房间

介绍

里

不过

zhāng

또, 그리고

háiyǒu

bǎ

shang

tái

āyí

你(너)의
존대말

nín

bǎihuòshāngdiàn

❹-7 还有	❹-6 张
❹-9 上	❹-8 把
❺-1 阿姨	❹-10 台
❺-3 百货商店	❺-2 您

ránhòu

kuàicāntīng

**뚜렷하다,
분명하다**

qīngchu

다른 사람

biérén

qǐngwèn

어떻게

zěnme

곧장

yìzhí

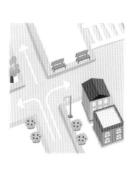

wǎng

快餐厅

然后

别人

清楚

怎么

请问

往

一直

qián

바로 ~이다

jiùshì

duìmiàn

bān

jiāyóu

pǎo

봐봐

nǐ kàn

dàxiàng

就是

6-8

前

6-7

班

7-1

对面

6-9

跑

7-3

加油

7-2

大象

8-1

你看

7-4

그것, 저것

tā

bízi

cháng

xióngmāo

과거의 경험

guo

dāngrán

겨울방학

hánjià

~때(시간)

de shíhou

鼻子 ❽-3

它 ❽-2

熊猫 ❽-5

长 ❽-4

当然 ❽-7

过 ❽-6

的时候 ❾-2

寒假 ❾-1

dǎsuàn

lǔyóu

gēn

xiànmù

shénme shíhou

diànyǐngpiào

이미

yǐjing

예매하다,
예약하다

dìng

旅游
9-4

打算
9-3

羡慕
9-6

跟
9-5

电影票
10-2

什么时候
10-1

订
10-4

已经
10-3

눈으로 보고　　귀로 듣고　　입으로 따라하는

新 니하오 어린이 중국어 워크북

3

이창재 · 김지연 · 장기(張琦) 지음

JPLUS
Language Publishing Co.

눈으로 보고 귀로 듣고 입으로 따라하는

新 니하오
어린이 중국어
워크북

3

이창재 · 김지연 · 장기(张琦) 지음

JPLUS
Language Publishing Co.

1 알맞은 것끼리 연결해 보세요.

	chǐzi	糖
	táng	蜡笔
	làbǐ	尺子

2 해석을 보고 알맞은 말을 중국어로 써 넣으세요.

엄마, 저 사탕 먹어도 돼요?

YES

먹어도 돼.

_____

NO

먹으면 안 돼.

_____

③ 그림을 보고 알맞은 말을 써 넣으세요.

내 크레파스 써도 돼.

Xièxie!

_____

_____

yòng　　nǐ　　làbǐ　　kěyǐ　　de　　wǒ

④ 빈칸에 공통으로 들어갈 말을 고르세요.

_____ kàn diànshì.

_____ dānxīn!

❶ kěyǐ
❷ yòng
❸ bié
❹ zài

⑤ 큰 소리로 읽으면서 따라 써 보세요.

别 担 心 !　Bié dānxīn!　_____

你 可 以 用 我 的 。

Nǐ kěyǐ yòng wǒ de.　_____

① 다음 그림을 보고 알맞은 병음을 써 넣으세요.

生 日 派 对

药 房

② 다음 그림을 보고 빈칸에 알맞은 말을 써 넣으세요.

Wǒmen _____
qù gōngyuán ba!

Wǒ _____ qù.

③ 한자와 병음을 바르게 연결하세요.

要 •　　　　　　• qǐchuáng

为什么 •　　　　　　• yào

起床 •　　　　　　• wèishénme

④ 다음 문장을 우리말로 옮겨 보세요.

① Nǐmen néng lái wǒ de shēngrì pàiduì ma?

_____.

② Wǒ yào qù yàofáng. Wǒ jiějie bìng le.

_____.

⑤ 빈칸에 알맞은 말을 넣어 대화를 완성하세요.

yào   néng   bù néng

①

Jiějie! Yìqǐ kàn diànshì ba!

Wǒ _____ kàn.

Wǒ _____ zuò zuòyè.

②

Nánnan! Nǐ yě néng qù ma?

Wǒ _____ qù.

Wǒ _____ qù bǔxíbān.

③

Nánnan, nǐ qǐchuáng!

Wǒ _____ qǐchuáng.

Unit 3 我头疼，嗓子疼。

1 알맞은 것끼리 연결하세요.

| kànbìng | dǎzhēn | yánzhòng | zhùyuàn |

· · · ·

· · · ·

주사를 놓다   심하다   진찰을 받다   입원하다

2 다음 그림을 보고 어디가 아픈지 이야기해 보세요.

Nǐ nǎr bù shūfu?

Wǒ _____ téng.

tóu

yǎnjing

sǎngzi

tuǐ

③ 감기에 걸렸을 때 나타나는 증상을 찾아 선으로 연결하고, 알맞은 병음을 찾아 써 넣으세요.

gǎnmào

fāshāo

dùzi téng

liú bítì

méiyǒu lìqi

yāo téng

késou

④ 큰 소리로 읽으면서 따라 써 보세요.

你 哪 儿 不 舒 服 ?

Nǐ nǎr bù shūfu?

她 感 冒 了 。

Tā gǎnmào le.

⑤ 다음 단어에 알맞은 뜻을 쓰세요.

❶ chīyào _____

❷ dòng shǒushù _____

我的房间里有一张床。

① 성조가 바르게 표시된 것에 O표 하세요.

zhuōzi

zhuōzǐ

xiézi

xiēzi

yǐzi

yízi

chuáng

chuǎng

② 다음 그림을 보고 빈칸에 알맞은 글자를 써 넣으세요.

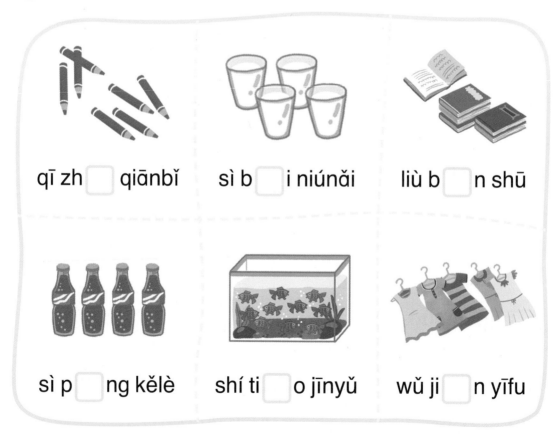

qī zh☐ qiānbǐ

sì b☐i niúnǎi

liù b☐n shū

sì p☐ng kělè

shí ti☐o jīnyǔ

wǔ ji☐n yīfu

③ 큰 소리로 읽으면서 따라 써 보세요.

我 的 房 间 不 大 ,
不 过 很 漂 亮 。

Wǒ de fángjiān bú dà, búguò hěn piàoliang.

④ 그림을 보고 빈칸에 알맞은 말을 써 넣으세요.

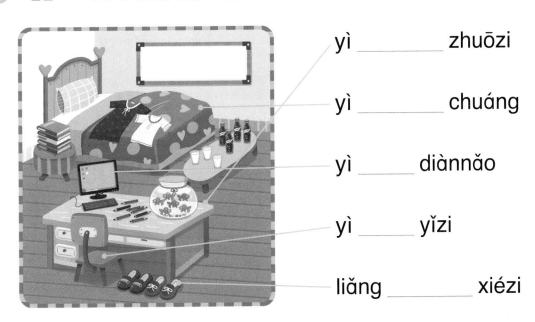

yì _____ zhuōzi

yì _____ chuáng

yì _____ diànnǎo

yì _____ yǐzi

liǎng _____ xiézi

bǎ   shuāng   tái   zhāng

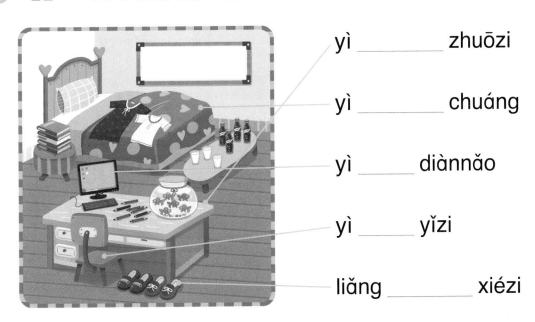

1 각각의 단어에 알맞은 뜻을 써 넣으세요.

快餐厅 ☐   存钱 ☐

百货商店 ☐   阿姨 ☐

2 알맞은 것끼리 연결하고 빈칸을 채우세요.

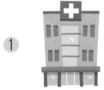 ①

Wǒ qù
bǎihuòshāngdiàn
_____.

 ②

Wǒ qù yīyuàn
_____.

 ③

Wǒ qù yínháng
_____.

 ④

Wǒ qù cāntīng
_____.

chīfàn   mǎi yīfu   kànbìng   cúnqián

③ 주어진 단어들을 바르게 나열해서 문장을 만들어 보세요.

1
우리는 축구하러 운동장에 가.

cāochǎng / tī / Wǒmen / qù / zúqiú

_____

2
나는 영어 공부하러 학원에 가.

qù / Yīngyǔ / Wǒ / xuéxí / bǔxíbān

_____

④ 밑줄친 내용에 알맞은 그림을 골라 빈칸에 기호를 쓰세요.

① Dōngdong qù wǎngbā wánr diànnǎo yóuxì.

② Dōngdong qù yàofáng mǎi yào.

⑤ 큰 소리로 읽으면서 따라 써 보세요.

然后 ránhòu 그리고 나서 然 后

操场 cāochǎng 운동장 操 场

Unit**6** # 去百货商店怎么走？

1 빈칸에 알맞은 병음을 써 넣으세요.

往左拐　　　往右拐　　　往前走

☐　　　☐　　　☐

2 그림을 보고 질문에 답하세요.

① **B zài nǎr?**

_____.

② **E zài nǎr?**

_____.

③ **F zài nǎr?**

_____.

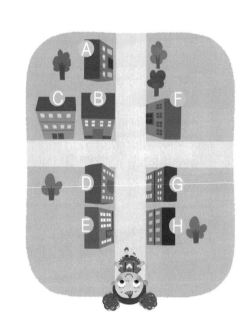

3 한자와 병음이 바르게 된 것에 **O**표 하세요.

青楚 qīngchu	对面 duìmiàn	别人 biérén	住 wǎng

④ 다음 그림을 보고 어떻게 찾아가는지 알맞은 말을 써 넣으세요.

Dào _____.
wǎng _____.

lùkǒu
yòu guǎi
Guò
shízì lùkǒu

_____ yí ge _____
jiùshì xuéxiào.

⑤ 다음 문장을 큰 소리로 읽고 따라 써 보세요.

① Qǐngwèn, qù bówùguǎn zěnme zǒu?

저기요, 박물관에는
어떻게 가죠?

② Yìzhí wǎng qián zǒu, jiùshì bówùguǎn.

앞으로 곧장 가면
바로 박물관이에요.

⑥ 알맞은 것끼리 연결하세요.

lùkǒu   shízì lùkǒu   dīngzì lùkǒu   guò mǎlù

•   •   •   •

•   •   •   •

사거리   길목   길을 건너다   삼거리

Unit 7 他跑得真快!

① 다음 문장을 큰 소리로 읽고 알맞은 성조를 표시해 보세요.

 쟤는 누구야? 쟤 정말 빨리 달린다!

Ta shi shei? Ta pao de zhen kuai!

 1반 화이팅!

Yi ban jiayou!

② 다음 문장에서 말하는 '나'는 누구인지 알맞은 그림에 연결하세요.

① Wǒ chàng de hěn búcuò. •

② Wǒ zhǎng de hěn shuài. •

③ Wǒ huà de hěn hǎo. •

④ Wǒ tiào de hěn gāo. •

③ 그림을 보고 빈칸에 알맞은 말을 써 넣으세요.

得很快
□ de hěn kuài

起得很 □
□ de hěn wǎn

④ 큰 소리로 읽으면서 따라 써 보세요.

加油 jiāyóu 화이팅   加 油 □ □

得 de ~한 정도가   得 □ □ □

⑤ 내 친구는 어떤 특징을 가지고 있는지 얼굴을 그리고 예와 같이 써 보세요.

예 Wǒ qǐ de hěn zǎo.

1 친구1 _____

2 친구2 _____

① 그림을 보고 성조가 알맞게 표시된 것에 〇표 하세요.

xiángmāo

xióngmāo

熊猫

dàxiàng

dàxiòng

大象

② 빈칸에 알맞은 말을 넣어 문장을 완성하세요.

너 이 책 본 적 있니?

Nǐ _____
zhè běn shū ma?

본 적 없어.

Wǒ _____.

③ 큰 소리로 읽으면서 따라 써 보세요.

过 guo 해 본 적 있다

它 tā 그것, 저것

当然 dāngrán 당연하다

④ 다음 질문에 답하세요.

① Nǐ chīguo yìdàlìmiàn ma?

Wǒ _____.

② Nǐ qùguo Zhōngguó ma?

Wǒ _____.

③ Nǐ kànguo shé ma?

Wǒ _____.

④ Nǐ mǎiguo yīfu ma?

Wǒ _____.

⑤ 병음을 읽고 주어진 한자들을 나열해서 문장을 만들어 보세요.

① Nánnan nǐ chīguo yìdàlìmiàn ba?

난난 너 스파게티 먹어본 적 있지?

吧 / 南南 / 意大利面 / 过 / 你 / 吃

② Wǒ méi tīngguo Běibei chànggē.

나 베이베이가 노래하는 거 들어본 적 없어.

听 / 北北 / 唱 / 没 / 歌 / 过 / 我

1 한자와 병음이 바르게 된 것에 〇표 하세요.

寒假 　fàngjià 　☐ 　　旅游 　lǚyóu 　☐

打算 　dǎsuàn 　☐ 　　时候 　shíhòu 　☐

2 그림을 보고 다들 무엇을 할 계획인지 중국어로 써 보세요.

난 할아버지 댁에 가려고 해!

난 농구 하려고 해!

난 숙제할 계획이야.

lánqiú 　zuòyè 　dǎsuàn 　qù 　dǎ 　zuò 　yéye jiā

_____

_____

_____

③ 다음 문장을 읽고 아래 그림 중 강아지의 계획이 <u>아닌</u> 것에 O표 하세요.

Xiàkè yǐhòu, wǒ dǎsuàn tī zúqiú. Jīntiān wǎnshang, wǒ dǎsuàn dǎsǎo fángjiān. Zhè ge xīngqītiān wǒ dǎsuàn dǎ yǔmáoqiú. Shèngdànjié de shíhou, wǒ dǎsuàn qù yóulèyuán wánr.

④ 보기의 단어를 이용하여 대화를 만들어 보세요.

수업이 끝나고
뭐 할 거야?

나는 친구들하고
같이 놀려고 해.

dǎsuàn   xiàkè hòu   gàn   gēn   wánr   yìqǐ
nǐ   wǒ   dǎsuàn   shénme   péngyoumen

1 알맞은 것끼리 연결하세요.

diànyǐngpiào •	• 订	• 영화표
dìng •	• 开始	• 이미
yǐjing •	• 电影票	• 예매하다
kāishǐ •	• 已经	• 시작하다

2 문장을 읽고 틀린 부분을 찾아 바르게 고치세요.

Wǒ měitiān wǎnshang liù diǎn qǐchuáng.

→ _____

Xiàyǔ le.

→ _____

Māma! Diànyǐng shíhou shénme kāishǐ?

→ _____

③ 빈칸에 알맞은 말을 넣어 대화를 완성하세요.

> shíhou   shénme   yào   le   liù diǎn

Diànyǐng _____
shíhou kāishǐ?

Diànyǐng kuài
_____ kāishǐ ____.

Wǎnshang
_____ xiàkè.

Bǔxíbān _____
shíhou xiàkè?

④ 난난이의 수첩을 보고 질문에 답하세요.

星期一	星期二	星期三	星期四	星期五
8시 기상	할머니가 오셨어요	친구와 놀아요	백화점에 가요	8시 기상

• Xīngqīyī Nánnan shénme shíhou qǐchuáng?

• Nǎinai shénme shíhou lái?

• Nánnan shénme shíhou gēn péngyoumen yìqǐ wánr?

간체자 쓰기 연습

＊ 신니하오 어린이 중국어 3권에서 배운 각 과의 제목을 간체자로 써 보아요. (단, 중복된 글자는 생략되었습니다.)

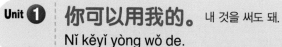

Unit ❶ 你可以用我的。 내 것을 써도 돼.
Nǐ kěyǐ yòng wǒ de.

총5획 可 可 可 可 可

可
kě
~할 수 있다

총4획 以 以 以 以

以
yǐ
~으로

총5획 用 用 用 用 用

用
yòng
쓰다

的
de
~의, ~의 것

Unit ② **我不能去。** 나 못 가.
Wǒ bù néng qù.

能
néng
~할 수 있다

Unit ③ **我头疼，嗓子疼。** 머리가 아프고, 목이 아파요.
Wǒ tóu téng, sǎngzi téng.

头
tóu
머리

총10획 疼疼疼疼疼疼疼疼疼疼

疼
téng
아프다

총13획 嗓嗓嗓嗓嗓嗓嗓嗓嗓嗓嗓嗓嗓

嗓
sǎng
목구멍

총3획 子子子

子
zi
명사를 만듦

Unit ④ 我的房间里有一张床。 제 방에는 침대가 한 개 있어요.
Wǒ de fángjiān li yǒu yì zhāng chuáng.

총8획 房房房房房房房房

房
fáng
방

총7획 间 间 间 间 间 间 间

间
jiān

사이, 방

총7획 里 里 里 里 里 里 里

里
lǐ(li)

안

총7획 张 张 张 张 张 张 张

张
zhāng

(양사) 개

총7획 床 床 床 床 床 床 床

床
chuáng

침대

Unit ⑤ **我去百货商店买衣服。** 나는 옷을 사러 백화점에 가.
Wǒ qù bǎihuòshāngdiàn mǎi yīfu.

총6획 百 百 百 百 百 百

bǎi
백(100)

총8획 货 货 货 货 货 货 货 货

huò
상품

총11획 商 商 商 商 商 商 商 商 商 商 商

shāng
장사

총8획 店 店 店 店 店 店 店 店

店
diàn
상점, 가게

총6획 衣衣衣衣衣衣

衣
yī
옷

총8획 服服服服服服服服

服
fú
옷

Unit 6 **去百货商店怎么走?** 백화점은 어떻게 가나요?
Qù bǎihuòshāngdiàn zěnme zǒu?

총7획 走走走走走走走

走
zǒu
걷다

Unit 7 | 他跑得真快! 쟤 정말 빨리 달린다.
Tā pǎo de zhēn kuài!

총12획 跑 跑 跑 跑 跑 跑 跑 跑 跑 跑 跑 跑

跑
pǎo
뛰다

총11획 得 得 得 得 得 得 得 得 得 得 得

得
de
(동사 뒤) 정도를 나타냄

총10획 真 真 真 真 真 真 真 真 真 真

真
zhēn
정말

총7획 快 快 快 快 快 快 快

快
kuài
빠르다

총9획 看 看 看 看 看 看 看 看 看

看
kàn
보다

총6획 过 过 过 过 过 过

过
guo
~한 적이 있다

총14획 熊 熊 熊 熊 熊 熊 熊 熊 熊 熊 熊 熊 熊 熊

熊
xióng
곰

총11획 猫 猫 猫 猫 猫 猫 猫 猫 猫 猫 猫

猫
māo
고양이

총5획 打 打 打 打 打

打
dǎ
짜다, 계산하다

총14획 算 算 算 算 算 算 算 算 算 算 算 算 算 算

算
suàn
계획하다, 계산하다

총10획 旅 旅 旅 旅 旅 旅 旅 旅 旅 旅

旅
lǚ
여행하다

총12획 游 游 游 游 游 游 游 游 游 游 游 游

游
yóu
떠돌다

총 5획 电 电 电 电 电

电
diàn
전기

총 15획 影 影 影 影 影 影 影 影 影 影 影 影 影 影 影

影
yǐng
그림자, 영상

총 7획 时 时 时 时 时 时 时

时
shí
때

총 10획 候 候 候 候 候 候 候 候 候 候

候
hòu
때

총4획 开 开 开 开

开
kāi
시작하다

총8획 始 始 始 始 始 始 始 始

始
shǐ
시작하다

新 니하오
어린이 중국어 ③
워크북